北京大学·复旦大学·吉林大学·中山大学
国家治理协同创新中心

华东政法大学
中国社会公共安全研究中心

本书受上海市高水平地方高校建设项目资助

中国社会公共安全研究报告

Advances in China Public Security

主　编　张明军
副主编　李智超

第18辑
2021年第1期

北京大学出版社
PEKING UNIVERSITY PRESS

图书在版编目(CIP)数据

中国社会公共安全研究报告. 第18辑/张明军主编. —北京:北京大学出版社,2022.12

ISBN 978-7-301-33731-8

Ⅰ. ①中… Ⅱ. ①张… Ⅲ. ①公共安全—社会管理—研究报告—中国 Ⅳ. ①D63

中国国家版本馆CIP数据核字(2023)第025257号

书　　名 中国社会公共安全研究报告·第18辑
ZHONGGUO SHEHUI GONGGONG ANQUAN YANJIU BAOGAO · DI-SHIBA JI

著作责任者 张明军　主编

责任编辑 尹　璐　吴康文

标准书号 ISBN 978-7-301-33731-8

出版发行 北京大学出版社

地　　址 北京市海淀区成府路205号　100871

网　　址 http://www.pup.cn　新浪微博:@北京大学出版社

电子信箱 sdyy_2005@126.com

电　　话 邮购部010-62752015　发行部010-62750672　编辑部021-62071998

印 刷 者 北京中科印刷有限公司

经 销 者 新华书店

787毫米×1092毫米　16开本　7.25印张　138千字

2022年12月第1版　2022年12月第1次印刷

定　　价 49.00元

编委会

投稿信箱：hzggy021@126.com

投稿地址：上海市龙源路555号华东政法大学集英楼B309室

目　录

Contents

应急管理与社会风险评估

社会风险评估与治理的时代实践与路径创新

——第二届社会风险评估与治理学术研讨会会议综述

梁土坤*

由中国应急管理学会社会风险评估与治理工作委员会主办，华东政法大学承办，北京大学城市治理研究院、南京大学政府管理学院、河海大学公共管理学院、中南大学公共管理学院和山东大学风险治理与应急管理研究中心协办，法治日报社、光明日报理论部、瞭望智库提供智力支持的“第二届社会风险评估与治理学术研讨会”，于2021年5月15日至16日在上海召开。与会专家学者基于社会风险评估的中国现实，围绕“习近平新时代社会风险及其治理理念”“环境邻避项目与社会风险评估”“新冠肺炎疫情、生态环境、重大决策的社会风险及其治理”以及“社会风险评估的理论、方法与案例”等主题展开了多维度、深层次、广视角的内容分享与观点交流。

一、社会风险评估与治理研究的时代意义

华东政法大学张明军教授指出，社会风险评估与治理研究具有重要的现实意义，主要体现在以下五个方面：

第一，社会风险评估与治理研究有助于更好地服务国家发展大局。进入新时代，我国的社会主要矛盾已经转化为人民日益增长的美好生活需要和不平衡不充分的发展之间的矛盾。其中人民日益增长的美好生活需要，包含着对社会公平正义的追求，只有加强对社会风险评估与治理的研究才能发现社会中存在的矛盾，通过对

---

* 梁土坤，华东政法大学政府管理学院副教授、硕士生导师，主要研究领域：公共政策与社会安全。

矛盾的化解，才能彰显社会正义，增强政府公信力，为实现人民美好生活奠定坚实的基础。

第二，社会风险评估与治理研究有助于更好地营造国家经济政治发展环境，特别是经济环境。我国目前的营商环境以及其他各方面环境整体向好，但是也存在诸多不利的因素，这就需要加强对社会风险评估与治理的研究，为我国经济发展特别是营商环境发展提供必要支持，有效打通发展之路。

第三，社会风险评估与治理研究有助于更好地推进重大决策过程的制度化、规范化、法治化。重大决策走上制度化、规范化、法治化之路是未来发展的必然趋势，这就需要对社会风险与治理等内容进行深入研究，为重大决策提供必要支持。

第四，社会风险评估与治理研究有助于更好地提升社会公众对重大决策风险评估的认知水平。部分社会群体对于社会风险评估与治理，有的处于认知层面，而有的仅停留在认同层面，这离社会群体对社会风险与评估的主动作为还有较远距离。因此，需要继续推动社会风险评估与治理研究，从而提高社会公众的认知水平，做到从认知到认同，再到主动作为。

第五，社会风险评估与治理研究有助于更好地提升重大决策的效果和质量。重大决策的质量提升，需要我们前期加强对重大决策的风险、决策的正负面效应等方面的全面评估，通过评估提出对策，这样才能够使我们的重大决策发挥更大的经济效应和社会效应。

二、习近平新时代社会风险治理思想与理论

（一）社会风险源头治理理念及方法

上海市督查人民内部矛盾化解工作办公室前副主任严惠民对习近平总书记关于社会风险源头治理等思想进行了归纳和总结，指出新时代预防社会风险及风险治理的指导思想包括三个方面：一是坚持下好先手棋，打好主动仗；二是坚持以人民为中心，依靠人民始终与人民在一起；三是坚持法治保障，实现公平正义。而预防社会风险及治理的具体思想方法则需要抓住主要矛盾和矛盾的主要方面；坚持底线思维，从最坏处准备，从最好处努力；既坚持重点论又坚持系统论；提供有效的制度供给，实现当前工作与长远工作的有机结合，实现治标与治本相统一。在工作方法上应该加强体制和机制建设、正确处理维权和维稳的关系、从社会善治视角开展社会治理。全党要有高度的统一领导和高度的思想统一，紧密团结，迎接挑战，化被

动为主动；各地区各部门、政府与社会都要自觉协同，实行风险联控，实现共建共治共享的治理格局；增强国家治理能力和提高社会治理水平，实现社会治理科学化和智能化；重心下移、力量下沉，强化基层党建引领的基层社会治理，细化和精化社会治理的网格，完善社会管理和服务；重点研究和预防社会发展进程中的叠加风险和关联风险，以建构社会风险预防和治理的良好格局。

（二）重大风险概念的理论特质与方法论意义

华北电力大学杨海教授指出，2019 年 1 月 21 日，习近平总书记在省部级主要领导干部坚持底线思维着力防范化解重大风险专题研讨班开班式上发表的重要讲话，对我们做好防范化解重大风险各项工作具有重要指导意义。首先，重大风险是一个与时俱进的概念，它包括系统性风险、结构性风险、区域性风险、国际风险等，其中要坚守住不发生系统性风险的底线。其次，重大风险是底线思维所指向的重点对象，这是底线思维的根本含义，要重点防控有可能迟滞中华民族伟大复兴进程的全局性风险。再次，重大风险的化解强调发扬斗争精神，要抓住关键少数，聚焦核心，发扬斗争精神。最后，防范化解重大风险的落脚点要坚持以人民安全为宗旨。以人民安全为宗旨，以政治安全为根本，以经济安全为基础，以军事、社会、文化安全为保障，以促进国际安全为依托。此外，要区分底线思维与系统思维，不能忽视总体国家安全观所体现的系统思维和战略思维。

（三）安全发展与社会风险治理路径

同济大学杜博士归纳总结了习近平总书记关于安全发展和社会风险治理的重要思想，指出在多个阶段，习近平总书记对生产安全都高度重视，提出“要有效防范风险”。就安全发展的基本内涵来看，主要包括三个方面：一是提出社会稳定是国家发展的基石，维护社会稳定是核心任务；二是提出要牢固树立安全发展理念，安全是发展的一根红线，是社会长治久安的基本要求和必要条件；三是提出要防范和化解重大社会稳定风险。实践路径选择主要包括意识、制度、能力、操作四个层面：意识层面要树立安全生产观念，具备底线思维、强化社会风险意识；制度层面要制定安全生产相关机制，形成制度合力；能力层面要进一步加强党的领导，发挥领导干部的主观能动性，力戒形式主义；操作层面要建立社会稳定评估机制，完善社会稳定评估指标体系。

三、新时代社会风险评估与治理的发展现状

（一）社会风险评估与治理进程持续推进

关于社会风险评估的发展历程，社会风险评估与治理工作委员会主任委员孔祥涛总结了社会风险评估的发展历程，将其概括为三个阶段，其主要标志是一系列相关制度文件的问世。第一个阶段是社会风险评估工作科学化的“序幕”。2005 年建立的重大社会项目风险评估制度标志着地方对重大决策社会风险评估进行科学管理的实践拉开序幕。第二个阶段是社会风险评估工作的“第一个春天”。2012 年《关于建立健全重大决策社会稳定风险评估机制的指导意见（试行）的通知》（中办发〔2012〕17 号）的印发标志着党和政府从国家顶层制度设计出发，关注重大决策社会稳定风险评估。第三个阶段是社会稳定风险评估工作的“第二个春天”。从十九届四中全会有关规定把风险评估列为国家治理现代化的顶层制度体系，到十九届五中全会提到的第二个百年奋斗目标中把“安全发展”贯彻到国家发展的要求，要求防范和化解我国现代化进程当中的个人风险，从而赋予风险评估制度长期宽阔的发展空间和重要的战略地位。而后中办还印发一系列的专门文件，对重大决策风险评估机制建设提出一系列新要求，为风险评估提供了更好的政策环境和制度环境。

（二）社会风险评估与治理政策不断完善

浙江省委政法委副书记卫中强指出，2021 年 2 月 22 日中共中央办公厅、国务院办公厅印发的《关于加强新形势下重大决策社会稳定风险评估机制建设的意见》是新时期社会风险评估工作的纲领性文件，它进一步完善了社会风险评估体制机制，实现了社会风险评估法制机制建设的重要突破。主要体现在五个方面：一是提出新形势下社会风险评估工作的新要求，明确了社会风险评估的主要目标、工作重点、基本要求和发展方向等。二是进一步明确党委和政法委等部门在社会风险评估中的政治地位。三是进一步厘清第三方机构参与社会风险评估的关系。四是进一步明确了社会风险评估范围，解决了应评尽评的问题。五是进一步完善了评估程序的设计。浙江省作为共同富裕建设先行示范区，其在社会风险评估与治理机制建设方面也进行了重要探索。如充分发挥浙江省社会风险评估促进会的作用，制定风险评

估行业规范，完善评审专家委员会，进一步推进地方立法，制定“浙江省平安条例”，把风险评估单独纳入该条例之中等。

（三）行业组织数量不断增加

天津国际工程咨询集团有限公司风险评估中心主任赵心田分享了《2020年社会稳定风险评估行业发展报告》，指出从从业机构情况来看，截至2020年年底，社会稳定风险评估行业已成立全国性行业组织——中国应急管理学会社会风险评估与治理工作委员会，江苏省社会稳定风险评估促进会、甘肃省社会稳定风险评估法学研究会、浙江省社会稳定风险评估促进会等3家省级行业组织，贵阳、张掖、兰州、临沂、滨州、西安、宝鸡等地还成立了一些地市级行业组织。而从从业机构情况来看，2012年，全国社会稳定风险评估机构只有165家。此后，从业机构数量逐年增加，2017年起机构数量增幅明显，2018年起年均新增社会稳定风险评估机构超1000家，2020年机构数量增加到4939家，大约为2019年的3倍。从区域差异看，各省社会稳定风险评估机构数量差异较大，其中江苏省和山东省现有社会稳定风险评估机构超千家，占比超过总数的10%；陕西省、甘肃省、浙江省、湖南省现有社会稳定风险评估机构超过700家，占比超过总数的5%。其中，江苏省是社会稳定风险评估工作推进较快的地区之一，机构数量高达1715家。社会稳定风险评估机构注册资本金额大小不一，其中注册资金在500万元以下的社会稳定风险评估机构占比近70%，而注册资金在1000万元以上的机构占比不足20%。可见在社会稳定风险评估机构中，中小规模机构占比很大，其中92.64%为20人以下的小机构。据统计，2019年和2020年新增的社会稳定风险评估机构主要集中在小规模企业。在稳评行业快速发展的形势下，专业化、系统化的培训将成为稳评行业规范发展的必要环节，以保证数量与质量的同步提升。

四、新时代社会风险评估与治理的实践经验

（一）数字化治理创新模式

绍兴市柯桥区柯岩街道办事处综合信息指挥室主任周国尧对绍兴市柯桥区柯岩街道数字化改革重塑基层治理模式的内容和特征进行了总结和分析，指出由于街道特殊的地理位置和产业特点，其面临和承担着较大的安全隐患和安全责任，城市治

理难度相对较大，信访矛盾相对突出。近年来，为了提高治理效能，柯岩街道以数字化改革为抓手，以提升政府和社会治理能力为目标，积极创新基层治理模式。具体治理模式及经验包括以下几个方面：一是“一套班子”坐班指挥，避免“运气上访”；二是“一个口子”信息系统，确保风险一个不漏；三是“一个大瓶”整治平安，网格化管理，实行自动预警，及时发现网格风险；四是“一支队伍”执法，集中办公，快速有效处置，及时化解矛盾风险；五是“一窗式受理”审批服务，降低群众办事成本，提高办事效率；六是“一个行政效能中心”全程监督，避免部门推诿、不尽责现象。

（二）智能社会风险治理模式

沃民高新科技（北京）股份有限公司徐瑛介绍了第三代生物统计分析学及其相关技术。该技术主要是通过振动影像进行潜在情绪智能分析，对抑郁、焦虑、自控、偏执、躯体化等群体状态进行研判与预警。该技术的理论基础是：生物测定学＋人体热力学＋脑神经学＋影像视频学＋工程统计学，结合大数据、云计算、社会学、统计学、心理学、舆情学等多门学科。主要原理是：分析人体微动与运动，对其进行非接触式生理和心理检测，并进行大数据分析。总体逻辑是：将居民网络信息、个人情绪和生理状态，通过数据采集与智能分析，进行智能预警、提出推荐方案，并进行智能评估，以便及早发现个体的异常心理状态，提前化解极端行为的风险，促进社区的和谐发展。这项技术能够应用于军队、社区、学校、边防等多个场景，能够实现对个体风险的快速识别。目前已经运用到军队当中，在部分高职院校中也取得了非常好的效果，下一步希望进一步推广到民用领域，拓展应用范围，这项技术可以用于解决各种极端暴力风险排查的范围问题。

（三）组织韧性治理模式

首都医科大学王宇对公立医院组织韧性的影响因素及治理路径进行了分析。组织韧性最早起源于生态学领域，后来陆续运用到物理、工程、灾害、管理和心理等领域。组织韧性是医院卫生服务的重要环节，已有关于医疗机构韧性的研究包括理论视角下的医疗机构韧性定性研究，基于相关理论和文件对医院准备阶段韧性的系统综述型研究，评估医院组织韧性的调查型研究，以及对某突发公共卫生事件影响就诊医院韧性的案例分析型研究等。东南亚国家容易受到突发事件的影响，更加重视医院组织韧性建设。组织韧性建设包括准备阶段、响应阶段、恢复提升阶段等三个阶段，各个阶段均有相关的影响因素。而卫生应急人员、卫生应急设施、卫生应急管理、卫生应急保障等因素是影响公立医院组织韧性的核心要素，需要从这些关键因素入手，提高公立医院组织韧性，提升医院社会风险预防防控水平。

（四）悦纳生命教育理念的自杀风险治理模式

山东师范大学周海银教授从教育学视角分析了大学生自杀行为及其关联风险的内在原因，指出学业压力是导致学生自杀的现实原因。从教育学的视角来看，现代教育缺少对学生内在灵魂的关照，教育生活的枯燥使学生陷入孤独、无意义的虚无之中，因此容易引发自杀行为。现代教育注重外在价值，忽视内在价值；强调工具理性，忽视价值理性；强调社会本位，忽视个体本位；强调工具价值，忽视发展价值。因此，需要悦纳生命教育视角，重塑教育的内容体系，将生活世界、发展价值、意义表征等内容重新纳入教育内容体系，并促进学生树立正确的生命价值观，将人格教育纳入课程体系。同时，通过建立终生教育体系，形成多元评价机制；增强教育风险认识，提升学校风险识别的能力；提高教师的价值自觉等进而提高教育的内在价值，降低学生自杀风险，提高学校的社会风险治理能力和效能。

（五）层次分析法视角下的城市风险评估模型及治理策略

华东理工大学李琼教授以苏州调查数据为基础，运用定性的扎根理论与定量的层次分析法建构社会风险要素评估模型。他通过建构城市风险评估量表并赋值，运用层次分析法（AHP）确定权重并建构风险评估模型对苏州城市风险进行总体评判，发现苏州市综合风险等级为一般风险，而公共安全风险因素亟须引起重视。在此基础上，他提出了应对城市风险的策略及破解路径，包括维护生态底色，防范自然环境风险；构建城市安全体系，破除公共安全风险；着力提升金融产业实力，抵御金融产业风险；整治社会环境，化解城市社会风险；强化基础设施建设，规避基础设施运行风险等。

（六）评估与治理融合推进的稳评模式

江西省委政法委巡视员彭霖指出，新发展阶段稳评的价值取向更加注重保障重大决策的实施，稳评价值取向的转变要求我们有更加清晰的稳评目的与手段。过度追求评估技术实质是将手段与目的相混同，以假设为前提确定的风险等级是建立在沙土上的结论。而坚持问题导向，才是真正的社会稳定风险评估。因此，需要大力倡导以风险治理为核心，探索评估与治理融合推进的稳评模式。这就需要把化解矛盾风险贯彻到风险评估全过程，全面改进评估报告备案工作，切实落实评估主体与受托方同责的原则，并建立以实施效果为牵引的考核评价制度。从评估流程看，陈述报告后还有十分重要的评估结果运用、决策实施跟踪、工作考核奖赏环节，而这三个环节是评估价值实现的重要保障，在实践中容易被忽略。建议改变以评估报告质量为主要衡量标准的稳评评价办法，推动评估与治理深度融合。从理念、方向、路径、措施上实现风险评估与治理的有机统一、融合发展，真正发挥稳评的作用，实现稳评的价值。

（七）社会风险评估的利益相关者参与模式

河海大学刘会聪等指出，自20世纪90年代中期以来，我国邻避项目建设总体呈现出“群体事件多发、社会矛盾凸显、社会冲突加剧、社会风险加大”的发展态势，如何化解邻避项目社会稳定风险，预防和减少群体性事件的发生，控制、减轻和消除突发事件引起的严重社会危害，已成为亟待解决的难题。刘会聪等综合采用多维细分法和权力/利益矩阵分析法进行分析，构建垃圾焚烧发电的利益相关者划分方法，基于垃圾焚烧发电项目准备、建设、运营和退出的全生命周期四个阶段，划分出决策规划、实施操作、运营维护和监督管理四个任务维度，其中每个阶段的利益相关者可基于权力和利益大小划分为核心、次核心、一般和边缘四类利益相关者，而在每类利益相关者中亦可依据项目的角色维度进行具体的划分，即决策者、实施者、社会公众、监督者和信息传递者等。由此，应该从创新多元化公共治理机制、建立完善的社会稳定风险沟通机制、加强社会舆论的管理和正确引导、扎实推进利益相关者诉求反馈渠道建设等方面创新邻避项目社会稳定风险评估的利益相关者参与路径。

（八）公众的社会风险感知机制

武汉大学汪洋副教授等以社会认知理论为视角，通过回归分析和结构方程模型等研究方法对公众关于邻避冲突的风险感知影响机制进行实证研究，发现了变电站的工程特点及其对效益—风险权衡的不同影响：一是自我效能对公众接受度有直接影响。其中，处理不便的能力和避免风险的能力对公众接受度有显著的正向影响，但提高效益的能力的影响却不显著。社会环境对公众接受度具有显著正向影响，为了避免成为社会不公正、不公平的受害者，邻避工程选址周围的公众会更加关心选址过程，认为社会环境不公平和不公正的公众会更倾向于参与反对邻避工程选址的社会抗议行动。二是间接影响。公众和社会对邻避工程的关注逐渐从对技术可行性和经济可行性的讨论扩展到参与决策、程序透明以及“效益—风险”的公平分配问题，当公众信任相关部门时，他们更容易看到邻避工程的优势和效益，也会正确认识项目风险，最终接受邻避工程。

（九）社会风险协同治理的 SFIC 模型

中共湖南省委党校杨丹副教授指出，在基层社会治理中，信访作为中国特色的诉求反映通道，既是反映社会矛盾的窗口，又是化解社会矛盾的重要途径，但信访领域中的重复信访事项常常潜藏社会风险。因此，基于 SFIC 模型对 L 市开展村（居）民议事会评议信访事项案例进行研究。SFIC 模型是用于描述协同治理过程的权变模型。S、F、I、C 分别指代在协同治理过程中影响协同治理效果的四个核心变量：起始条件（Starting Conditions）、催化领导（Facilitative Leadership）、制度设计（Institutional Design）和协同过程（Collaborative Process），每个核心变量由多个变量组成。用于描述协同治理过程的权变模型，已被各国学者作为研究工具广泛应用于不同场景。在起始条件、催化领导、制度设计和协同过程中，L 市开展村（居）民议事会评议信访事项的做法具有可取之处，也存在一些挑战。可以从治理理论创新、政策体系支持、平台建设完善和资源保障到位四个方面进行路径创新，完善信访领域社会风险协同治理路径，优化信访领域社会风险源头治理。

（十）疫情防控下的社会风险治理

上海公安学院交通与监所管理系副主任秦飞关注新冠肺炎疫情常态化防控风险下的刑罚交付执行问题，认为突如其来的新冠肺炎疫情为上海市监狱系统带来了疫情风险。疫情期间，上海市羁押场所的防控实践可以分为两个时期：高风险时期与低风险时期。在高风险时期，上海市移送羁押场所的犯罪人数仅为 2019 年同期的 30%；在低风险时期，上海市移交的犯人数量也仅为 2019 年同期的 60%。减少羁押人数是上海市监狱系统为了避免超量羁押风险、疫情传播风险而采取的举措。当前，上海市羁押场所已经建立了疫情输入风险的常态防控机制，实现了交付的正常化。但是，上海市监狱系统现行的疫情防控机制仍有不足之处，如尚未形成责任整体，未建立标准化防疫机制等。为了改进上述不足，上海市监狱系统可以考虑以下建议：将刑罚交付前的集体风险评估与个体风险评估有机结合，构建防疫标准化流程，建立完整的防疫责任制度。

五、新时代社会风险评估与治理的现实困境

（一）社会风险评估的“三评”问题

湖南和安咨询有限公司董事长钟志坚基于湖南省和安集团风险评估项目的情况对社会风险评估的问题进行分析。2020 年，和安集团承办湖南省内风险评估项目 484 个，就其风险评估实践来看，当前社会风险评估主要存在三个问题，即应评未评、为评而评、评而不用。首先，当前一个项目是否需要接受风险评估往往由领导主观意志决定，容易出现缺漏，存在应评未评的现象。其次，一些不需要评估的项目被纳入评估范围，存在为评而评的问题，一定程度上浪费了相关资源。最后，施工方和政府相关部门没有依据社会风险评估结果而调整受评估项目的情况，存在评而不用的现实问题。

（二）社会风险评估的标准问题

社会风险评估与治理的相关标准存在不完善和不统一的问题。西安交通大学朱正威教授通过对 2008—2021 年全国 10 个省、自治区、直辖市的 60 份公共政策类社会稳定风险评估报告的文本分析，指出我国公共政策社会风险评估存在四大问题：一是评估内容和评估的重点有偏差，评估机构对政策社会风险影响的理解亟须深入；二是评估专家参与存在制度设计缺陷，专家的权威性和中立性难以保证，实践中出现专家既参与评估又同时审查评估报告的情况；三是数据收集与分析方法不严谨，评估的质量不高，专业性、科学性不强；四是风险等级判定标准不统一，亟待形成统一的政策类风险评估标准体系。

（三）社会风险评估的主观风险缺乏考量

北京航空航天大学胡象明教授指出，大型工程社会稳定风险包括客观风险和主观风险。客观风险包括自然环境风险、技术风险、经济风险等，而主观风险则包括认知风险、感知风险、态度风险、行为风险。例如，专家觉得没有风险，但是老百姓觉得有风险，这是感知风险；老百姓对项目持有负面态度还是正面态度，这是态度风险；老百姓对项目是支持还是反对，这是行为风险。不同群体的风险认知是有差异的。评估专家很多时候由技术专家组成，其意见往往在评估中占主导地位，主要关注客观风险问题。但是，大型工程社会稳定风险的重要影响因素，是利益相关者对重大工程建设客观风险的认知，以及由认知引发的态度和行为风险，这种认知和行为风险具有人文的特征，因而也可称为人文风险。对大型工程社会稳定风险评估，必须着眼于对大型工程周边居民有关工程客观风险认知、对工程态度行为的深入调研和分析，对重大社会稳定风险的存在及其程度作出科学判断。在大型工程社会稳定风险评估中，需要更多社会科学学者参与其中，并充分发挥社会科学学者社会调查和人文分析的优势。

（四）社会风险评估的定量化倾向问题

上海投资咨询集团有限公司曹祖耀指出，由于重大决策项目只有低风险才可获“批”，由此导致现实中的项目社会风险评估等级由“三等级”演变成“低”与“非低”的“二等级”，从而使得评估阶段的“评”和“不评”没有本质差异，其主要原因在于评估结论是预先可知的。在社会风险评估实践中，很多评估报告根据数值来判断风险等级，这是社会风险评估“定量化”和“科学化”的重要表现形式，但是，它造成了过分依赖于指数计算的现实问题，其目的发生了变异，变成为了量化而数值化，其指数的数理计算方法合理化程度等问题也存在争议。风险因素的多寡，会使综合风险指数值与单因素风险程度之间存在差异，甚至发生矛盾。在这种情况下，就会出现一些为了能够使得项目获批而降低风险评估指数的评估乱象。因此，需要进一步完善风险等级评判方法，从而最大限度地降低各相关方对风险等级的争议，既支撑项目审批，又保障项目平稳顺利推进。

（五）社会风险沟通的悖论问题

华东理工大学赵方杜副教授以上海市 Y 变电站事件为例，对邻避冲突中的风险沟通问题进行分析，他指出：首先，在风险情境的建构上，责任主体率先入场，从发展、公共服务、维稳和“科学知识”的风险认知模型出发，通过规划话语、政策话语完成自身的合法性建构，通过可控话语、技术话语完成对公众的无风险强化，通过伦理话语完成对公众的道德资源动员；其次，后入场的公众则是从安全、利益、公平的风险感知和“常民知识”的风险认知模型出发，在责任主体对邻避风险情境的已有解释基础上进行自身话语体系的策略性调整，通过指摘审批许可上的程序漏洞、质疑负外部影响可控性与环评报告的可靠性，以及对伦理话语的反“钳制”开辟自身的话语空间，同责任主体开展话语竞技；再次，风险沟通发生了低效乃至失效的现象，具体表现为风险沟通目标异化、风险沟通机制失灵和风险沟通功能失效，并由此形成了一种风险沟通的悖论；最后，这种悖论的形成根源于城市邻避冲突中的结构不对称问题，即话语层面的表达机会结构不对称、心理层面的风险认知结构不对称与风险感知内部叠加，最终形成了社会层面邻避风险再生产的结果。

六、新时代社会风险评估与治理的路径创新

（一）促进“四险通评”及其机制创新

南京大学童星教授指出，经济风险、技术安全风险、环境风险、社会风险相互联系，相互影响，一种风险爆发会衍生出其他风险，技术安全风险一旦爆发，必然会衍生出经济风险和环境风险，对生态环境造成不可逆的破坏性影响。因人员伤亡和财产损失，而引起周边居民的不满甚至抵触。因为四种风险评估都是决策必须考量的重要依据，如果将不同的风险评估分别交给不同的部门去做，没有总的协调者，最后作出的决策就有可能出问题。因此，需要进行“四险通评”。经济风险评价是基础，技术安全评估是保障，环境影响评价是深化，社会风险评估是重点。“四险通评”可以由同一个部门来统管，这个选项在目前还很难实现。可以规定经济风险评价、技术安全评估、环境影响评价必须要有一定比例的居民群众代表参加，而这些代表也将参加其后的社会风险评估，同时规定在社会风险评估时要公布

经济风险评价、技术安全评估和环境影响评价的结论。还可以培育和发展“一专多能”的第三方评估机构，放手让他们参加不止一种类型的风险评估，这个选项目前看来非常必要。社会风险评估刚刚起步，从业人员资质、专业、水平还有一定差距，可以通过培训、交流、实操来提升现有的社会风险评估从业人员素质水平。同时，第三方评估机构的独立性是关键问题，而不是根据委托机构设立，最后形式主义走过场，应充分保障第三方机构的独立性，以提高评估效能。

（二）进行全生命周期风险防范与控制

河海大学施国庆教授指出，社会稳定风险具有复杂性、动态性、不确定性、难预测性、难控制性等特征。他以垃圾焚烧发电项目为例进行分析，指出项目建设社会风险受到社会、经济、生态、政治、文化、制度、技术等多种因素的影响。从全生命周期视角来看，需要在项目准备阶段、建设阶段、运营阶段、退出阶段等进行统筹考虑，在全生命周期当中进行社会影响评价和环境影响评价，找出存在的社会风险，以便更好地对其进行控制。全生命周期社会风险化解包括风险防范和预警措施、风险控制措施、风险规避措施、风险转移分担措施等方面，在准备阶段，需要增强防控意识，采用国际通用技术和标准进行项目选址、规划、设计，识别和分析主要利益相关者群体及其反应，并进行多方沟通；进行必要的专业化培训，提高专业人才队伍建设；排查和应对潜在社会风险因素。在建设阶段，按照社会管理立法及监督机制，要进行动态的监测评估。在运营阶段，采用国际一流的技术标准，按照相关要求进行运营，其中实时监测和信息披露尤为重要。在退出阶段，需要根据各项要求进行风险控制。垃圾焚烧发电项目建设，对一个地区经济、政治、文化、自然资源、生态环境有重要影响，具有周期长、规模大、投资巨大、波及范围广、影响深远、问题复杂等特点，会对建设区域民众利益产生重要影响。项目在准备、建设、运营、退出等阶段的风险因素不尽相同，因而，需要对不同社会稳定风险进行管理，制定风险应对策略和措施，以更好地预防、规避、控制和应对风险。从全生命周期的视角对社会风险进行调查、分析、管理，并进行监测评估，增加了社会风险评估的社会可接受性、社会适应性、社会友好性、社会利益共享性，实现了共商、共建、共享、共赢。

（三）发展新时代“枫桥经验”

浙江大学新时代枫桥经验研究院金伯中院长对新时代“枫桥经验”进行了深入分析，指出习近平总书记关于坚持和发展新时代“枫桥经验”的重要论述为防范化解矛盾风险提供了根本遵循，赋予了新时代“枫桥经验”在防范化解风险中的重大使命，主要体现在“六个坚持”：坚持以人民为中心，依靠群众防范化解矛盾风险；坚持党建统领，压实防范化解矛盾风险的政治责任；坚持“预防在先、化解在早”，完善社会矛盾纠纷多元预防调处化解综合机制；坚持“大抓基层、大抓基础”，切实把矛盾解决在萌芽状态、化解在基层；坚持非诉讼解决机制，完善预防性法律制度；坚持底线思维，做到矛盾不上交、平安不出事。必须坚持和发展新时代“枫桥经验”，坚持思想引领，全面提升防范化解矛盾风险能力和水平。一是以习近平新时代中国特色社会主义思想为指引，感悟思想伟力；二是完善预防性法律制度，增强法制威力；三是深化数字化改革，增强科技支撑力；四是建构矛盾风险闭环管控机制，激活防范化解矛盾风险创新活力；五是围绕加强预防和应对重大疫情和公共卫生事件体系建设，提升应急能力；六是弘扬“枫桥经验”，激发内在动力。

（四）建立和健全行业自律公约

《重大决策社会稳定风险评估行业自律公约》由中国应急管理学会社会风险评估与治理工作委员会首倡并组织研究制定，部分高校研究机构和社会风险评估第三方机构共同发起。主要目的是引领、推动全国重大决策社会风险评估行业健康发展，促进学术研究及行业规范发展，推动从业机构自觉履行法律责任和社会责任，加强行业自律，规范从业行为，形成良好市场秩序，维护国家利益、社会利益和委托方合法权益，提升评估服务质量，实现依法评估、健康发展。公约分总则、自律条款、监督检查、褒扬与惩戒、附则共五章26条。自律条款内容主要包括七个方面：一是强调讲政治，坚持以习近平新时代中国特色社会主义思想为指导，以服务高质量发展风险防范化解工作为己任。二是提倡尊法学法守法用法，依法合规开展评估。三是针对行业内存在的诚信缺失现象，提倡开展行业诚信建设，建立诚信评价体系。四是针对评估不专业、不科学等现象，提出推进社会稳定风险评估科学化、专业化、社会化、法治化、智能化建设，提升评估机构能力和从业人员素质，吸收国际先进做法、形成具有中国特色的社会风险评估行业发展模式。五是提倡加强风险评估体系标准化建设，推动形成全国统一评估标准体系。六是指出支撑行业发展科学方向，包括风险分析、评估软件研发以及行业信息系统、诚信档案系统、专家和人才交流平台等。七是呼吁加强行风建设，坚决杜绝各种违法行为和不良风气，坚决抵制商业贿赂和“非百行为”。各相关方应积极履行公约，促进社会风险评估和治理全面健康发展。

（五）全面推进社会风险评估“五化建设”

社会风险评估与治理工作委员会主任委员孔祥涛指出，需要从以下四个方面全面推进社会风险与治理的科学化、法治化、社会化、智能化、专业化建设：第一，社会风险评估工作要基于中国客观现实与中国精神内核，深刻认识和把握国家政策。第二，积极探索、科学构建重大决策社会风险评估与治理的理论体系和制度体系。社会风险评估体系建设还在初级阶段，不能适应国家发展和治理现代化需求，存在很多的空白点和弱项。前所未有的现代化进程与复杂多样的国家治理实践，为风险评估工作发展提供了广大空间和重要机遇，要总结中国经验、中国实践，形成中国风险评估的理论方法和制度体系。第三，深化产学研合作，促进高层次多样化的交往、交流、交融，建设交流平台，形成强大的中层优势。通过学术会议，增进政府人员、学者、第三方机构等多方交流，促进思想交流，建立机制。在各省政府制定相关实施办法的过程中，可以请第三方机构和学者进行深入研讨，促进共建共享。交往、交流、交融是世界趋势，一定要乘势而为。第四，稳扎稳打，务实求真，步步推进，积累实践经验，不断提升五化建设水平。加强系统观念，加强资源配置，确立合理目标，制定风险评估报告样式，全面推进社会风险评估和治理。

（六）数值化社会风险评价机制

广东省国际工程咨询有限公司江婷立足能源管网和高铁建设土地征收案例，指出项目前期涉及自然资源部门、规划部门、住建部门和基层组织，各方关注点不同。因此，项目社会风险评估需要深调查，确保整个调查工作深入展开，对各个利益主体进行全面调查。并且，调查小组应联动建设单位、设计单位、安评单位、环评单位，建立调查协调机制。在此基础上，探索标准化和数字化风险评估机制。对社会风险评估的相关数据库、标准化流程、风控流程、标准模板、沟通联络网等都进行探索。目前，基于国际社会风险评价观念，初步建立了风险地图，该地图包括了广东 21 个地市相关领域的基本情况。群体意见库及反映度、综合政策法规文件库、风险调查资料等也将纳入风险分析平台，以不断探索和完善数值化社会风险评估机制，提高社会风险评估效率和质量。

总而言之，与会专家紧紧围绕新时代“社会风险评估与社会治理”专题形成了诸多共识，但是也存在一定争论。理论如何与实践结合，理论研究如何更好地指导项目实践，这些都是社会风险评估建设过程中需要不断关注的问题。在百年未有之大变局的时代背景下，面对日益复杂的国际国内环境和不确定因素，需要更多相关专家、政府工作人员、第三方机构等社会实务工作者共同努力，为促进新时代社会风险评估与治理的现代化建设贡献力量，助力中国特色社会主义现代化新征程的持续推进。

多源流框架下《疫苗管理法》的政策议程设置分析

——以长春长生公司问题疫苗事件为例

陈贤胜　徐换歌*

摘　要：疫苗安全问题如何进入政府议程是理解《疫苗管理法》得以快速出台的关键。本文采用案例分析方法，基于金登的多源流政策框架分析长生生物疫苗违法案件中的问题流、政策流、政治流如何实现三流合一并促进政策之窗的开启。研究发现，三源流并非偶然汇合，他们之间具有较强的结构性联系，互联网的叠加效应以及作为独特治理工具的领导批示运用对三流合一施加了不同的影响，它们共同促进了政策问题的优先排序和决策者注意力的转移，从而加速了《疫苗管理法》的出台，这为从比较的视角检验该框架的适用性提供了一个对话的机会。

关键词：多源流框架；政策议程；疫苗安全

一、引言

预防接种是保护公众健康最经济和最有效的手段。国家卫健委发布的《2018年我国卫生事业健康发展统计公报》显示，我国人均寿命达到了77岁，婴幼儿死亡率下降到6.1‰。疫苗在公众健康水平的持续提升中发挥了重要的作用，但近年来发生的疫苗违法事件，如山东省疫苗违法事件、长春长生公司问题疫苗事件等，

---

* 陈贤胜，上海财经大学公共经济与管理学院博士研究生，主要研究领域：城市韧性、政策评估。徐换歌，西南交通大学公共管理学院助理教授，主要研究领域：城市治理、环境政策。

引发了公众对疫苗安全问题的担忧。财经网大数据显示，长春长生公司问题疫苗事件发生之后，各大出境旅游目的地的搜索指数上涨了437%[①]，45.1%的公众甚至出现了接种犹豫。[②] 该案所引发的舆论聚合效应引起了领导者的重视，《中华人民共和国疫苗管理法（征求意见稿）》在几个月内得以迅速出台并提交人大审议，2019年6月29日，第十三届全国人大常委会第十一次会议表决通过了《中华人民共和国疫苗管理法》（以下简称《疫苗管理法》）。《疫苗管理法》共11章100条，对疫苗的研发、生产和上市流通以及异常反应监管与补偿、地方政府的责任追究、疫苗违法企业的惩处等作出了规定。《疫苗管理法》的颁布标志着我国建立了全链条统筹整合的安全监管体系。

《疫苗管理法》在半年多的时间内就得以迅速出台，其出台速度在国内法案中较为少见，它是政府应对公共卫生安全事件的典型案例。那么，《疫苗管理法》为何在如此短的时间内得以发布？其中，制定《疫苗管理法（草案）》的决定的政策议程是如何被建构的是理解该事件的关键。促使疫苗安全管理这一公共卫生安全话题进入政府议程的关键推动力量有哪些？疫苗安全管理的政策议程是如何被呈现的？这些问题尚未得到有效解释。基于此，本文依据约翰・金登的多源流框架，对疫苗安全管理这一问题进入政府政策议程过程进行分析，以期更加深入地理解公共政策的出台过程。本文将从政策共识如何达成的视角出发，运用多源流框架进行分析，探讨互联网下的公众议程与领导批示对决策系统中共识建构与议程设置的重要作用，对于打开政策议程设置的黑箱具有重要的理论和现实意义。

二、理论框架与文献综述

多源流框架（Multiple Streams Framework，MSF）由约翰・金登教授在其代表作《议程、备选方案与公共政策》一书中提出，该理论修正了科恩、马奇等人提出的“垃圾桶模型”，并借鉴了全面理性与渐进主义的思想。该理论的核心思想是问题源流、政策源流和政治源流三者是相互独立的，只有在偶然情况下实现三个源流的耦合，政策之窗才会开启，其中政策企业家也对政策之窗的开启发挥着不可或缺的作用。在多源流框架的几个核心概念中，问题源流是指某个指标、焦点事件以及信息反馈等表征了问题的存在，从而吸引了决策者的注意力，它通常是现实中存在的迫

---

① 资料来源：https：//m. overseas. weibo. com/media/4268173412687238，2021年3月25日访问。

② 卞增惠等：《长春长生疫苗事件后公众预防接种意愿网络调查》，载《中国公共卫生》2020年第8期。

切需要解决的社会问题构成的源流。政策源流（政策原汤）则是指研究人员、利益集团以及专家、学者等共同体的政策思想，在此过程中，政策共同体人员试图通过向他人宣传自己的备选方案、政策建议等，实现政策的提前“软化”，不同的思想在相互竞争中得以幸存或者消失，是一个典型的政策自选择和达成政策共识的过程。政治源流是指诸如公民情绪的变化、利益集团之间的竞争、选举的结果、意识形态分布等对政策议程有重要影响的因素。政策之窗开启的时间通常是短暂的，离不开政策企业家的推动，政策企业家需要投入相应的时间、精力等来促进政策“软化”，进而促进公共政策的变迁。

作为理解公共政策变迁的重要理论，多源流框架自提出以来就因其具有较强的适用性而引起了国内外学者的关注。国外学者围绕交通运输政策、环境政策、劳工政策，在卫生、健康、保险等领域展开了研究。西蒙娜·库珀-塞尔（Simone Cooper-Searle）和芬巴尔·利弗西（Finbarr Livesey）等从潜在的减排技术的可接受性、成本约束性条件以及立法环境等方面解释了为什么英国减少汽车温室气体排放的方案未能纳入政策议程。① 洛伦兹·卡默曼（Lorenz Kammermann）从金登的多源流框架中选取解释因素，采用模糊集定性比较分析法研究了瑞士各州行动者采用强有力的政策工具推动水力发电的原因。结果表明，气候目标以及强有力的行政部门、左翼和绿党的实力发挥着重要的作用。② 丹尼尔·亨斯特拉（Danie Henstra）认为，加拿大政府之所以把危机管理纳入决策议程是因为焦点事件的影响成功地吸引了决策者的注意力，预先准备的方案使政策企业家抓住了政策之窗打开的机会。③ 国内方面，唐斌从北县发展电子商务的案例切入，详细地阐释了工商企业作为非传统主体是如何打开基层的政策之窗的，企业通过与其他利益主体的博弈，推动形成利益均衡的共识之窗，继而谋取制度优势。④ 魏淑艳以出租车改革为例，创新性地将新媒体触发机制、政策话语博弈以及网络民意推动与多源流框架结合起来，揭示了网络议程在促进政策议程设置现代化方面的作用。⑤ 方浩以《关于鼓励和规范互联网

① Simone Cooper-Searle, Finborr. Livesey & Julian M. Allwood, Why are Material Efficiency Solutions a Limited Part of the Climate Policy Agenda? An Application of the Multiple Streams Framework to UK Policy on CO_2 Emissions from Cars, *Environmental Policy and Governance*l, Vol. 28, No. 2, 2018, pp. 51-64.

② Lorenz Kammermann, Factors Driving the Promotion of Hydroelectricity: A Qualitative Comparative Analysis, *Review of Policy Research*, Vol. 35, No. 2, 2018, pp. 213-237.

③ Daniel Henstra, Explaining Local Policy Choices: A Multiple Streams Analysis of Municipal Emergency Management, *Canadian Public Administration*, Vol. 53, No. 2, 2010, pp. 241-258.

④ 唐斌：《企业如何推开基层治理中的“政策之窗”？——多源流理论的地方实践及其政治逻辑》，载《公共管理学报》2017 年第 3 期。

⑤ 魏淑艳、孙峰：《“多源流理论”视阈下网络社会政策议程设置现代化——以出租车改革为例》，载《公共管理学报》2016 年第 2 期。

租赁自行车发展的指导意见》出台为例，提出地方政府机构的先行试点以及领导人重视是推动政策之窗开启的捷径。① 在政策执行过程中，问题、政策以及政治之间存在着重要的关联，当这三个指标都处于中位数水平时只会出现微小的差异，当增加到极端水平时，则会出现实质差异。② 在问题源流中，当当前状况符合两个标准时，问题就可能被成功建构。一是某一事件违反了社会的价值观、理想或者期望；二是社会认为政府有责任纠正这种差异。③ 然而，即使问题符合这些标准，政策制定者解决问题的能力也是有限的，决策者对特定问题的关注至关重要。

综合已有的研究，我们发现学者们较少关注互联网背景下民意再生产以及领导批示这一特殊治理工具的作用。因此，我们从媒体触发、领导人批示两方面分析二者对推动政策之窗开启的特殊作用，以探究领导者的注意力配置是如何影响政策议程设置的。为什么是疫苗问题而不是别的问题引起了决策者的注意？基于以上逻辑，我们呈现了《疫苗管理法》出台的多源流框架图（见图1）。

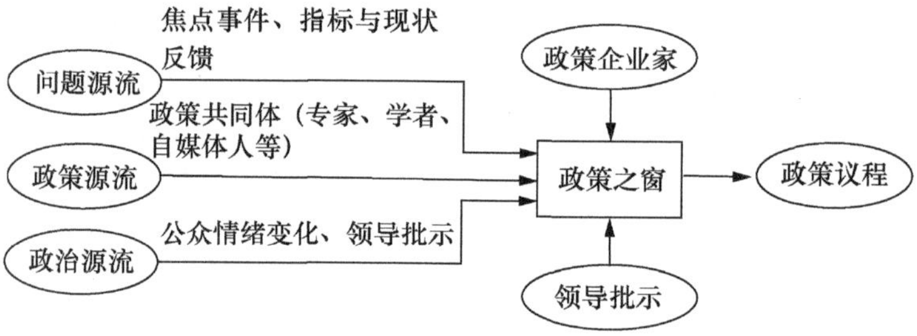

图1 《疫苗管理法》的多源流框架图

三、《疫苗管理法》的多源流框架分析

在本部分，我们将运用多源流框架来具体分析《疫苗管理法》的形成过程与推动力量，以检验多源流框架在中国的适应性。通过对影响政策之窗开启的三个重要源流进行分析，有助于我们理解在中国情境下哪些问题更有可能引起领导者的注意，政策思想是如何酝酿的，以及何种力量在推动政策之窗的开启。

---

① 方浩、杨建：《基于多源流模型视角的政策议程分析——以共享单车为例》，载《电子政务》2019年第1期。

② Luke Fowler, Problems, Politics, and Policy Streams in Policy Implementation, *Governance*, Vol. 32, No. 3, 2019, pp. 403-420.

③ Nikolaos Zahariadis, Theofanis Exadaktylos, Policies that Succeed and Programs that Fail: Ambiguity, Conflict, and Crisis in Greek Higher Education, *Policy Studies Journal*, Vol. 44, No. 1, 2016, pp. 59-82.

（一）问题源流：疫苗安全问题何以被建构？

问题不会天然地成为公共政策议题，重要的指标、重大事件以及项目的反馈有助于问题被选择性地定义为公共政策问题。[①] 在《疫苗管理法》出台过程中，一系列的公共卫生焦点事件构成了问题构建的基础，而政府监管的缺位以及市场过度竞争导致的政府与市场的双重失灵则是主要的原因。

1. 碎片化的管理格局与全链条风险的结构性张力

2005 年，国务院颁布了《疫苗流通和预防接种管理条例》(以下简称《条例》)，并在 2016 年对《条例》进行了修订，它是政府对疫苗生产、流通以及接种等环节进行监管的重要依据，是公众健康的重要法制保障。然而，由于《条例》本身的局限性，其不仅无法对因违法生产或者销售疫苗的行为实施更为严格的法律制裁，而且也很难实现对疫苗的研发、生产、流通等各个环节的动态监管。《条例》第 7 条规定："国务院卫生主管部门负责全国预防接种的监督管理工作。县级以上地方人民政府卫生主管部门负责本行政区域内预防接种的监督管理工作。国务院药品监督管理部门负责全国疫苗的质量和流通的监督管理工作。省、自治区、直辖市人民政府药品监督管理部门负责本行政区域内疫苗的质量和流通的监督管理工作。"在实际管理中，工商管理、税务以及公安等部门也会依据自身的职能定位参与到相关工作中。然而，值得注意的是，疫苗从研发到生产、流通以及接种是一个完整的生命周期，分段管理的模式割裂了各个周期之间的联系，统筹管理职能部门的缺位使得信息在各个阶段之间难以有效流通。在研发和生产环节合格的疫苗可能会在流通环节出现问题，如近年来媒体报道的疫苗安全事件中部分失效疫苗是由于流通过程中的保存不善造成的，还有一些临期疫苗被重新修改日期后流通到资源贫乏的地区等。此外，在预防接种领域，药监部门无权对疾控机构以及接种单位进行常态的监管，无法掌握疫苗的购买来源以及分发情况。[②] 这种碎片化的管理格局与疫苗的完整的生命周期之间存在着结构性张力，增加了公共卫生事件风险防范的难度。

① 黄俊辉、徐自强：《〈校车安全条例（草案）〉的政策议程分析——基于多源流模型的视角》，载《公共管理学报》2012 年第 3 期。

② 胡颖廉：《行政吸纳市场：我国药品安全与公共卫生的治理困境——以非法疫苗案件为例》，载《广东社会科学》2017 年第 5 期。

2. 疫苗产业基础薄弱，企业创新动力不足

《条例》规定，疫苗分为一类疫苗和二类疫苗。目前，公共卫生事件频发的疫苗主要涉及二类疫苗，一类疫苗在安全性方面相对比较有保障，其原因在于：一方面，作为基本的公共服务项目，一类疫苗由各级财政保障，政府免费供给，如乙肝疫苗等技术比较成熟的免疫品种；另一方面，一类疫苗从生产、流通以及采购到最终接种采用统一的闭环式链条，违规操作的可能性被大大降低。相反，二类疫苗则由市场提供，疫苗生产厂家的分散性程度较高，疫苗生产难以形成集约化和规模效应。在流通领域有上千家具有疫苗定点经营资质的药品批发商，过度竞争的格局以及分散化经营导致疫苗生产利润率低①，企业多以薄利多销为营销策略，自主创新的动力不足，阻碍了原本就薄弱的疫苗产业的发展与进步。

3. 政府信息公开不足，社会风险感知被放大

信息公开是政府向社会传递信息的重要渠道，公民通过政府信息公开可以获得公共事件的最新进展，克服因信息不对称造成的外部性影响。在传统的沟通机制下，人们获取的信息有限，位于边缘的群体也很难表达需求。互联网的发展不仅重塑了政府与公众互动沟通的场域，而且使公众之间的信息交流变得更加便捷。大众媒介的作用不仅塑造了我们头脑中的客体与属性议程，而且通过将注意力吸引至某些问题而忽略其他问题。② 长生公司问题疫苗事件发生后，有关部门对违规企业的疫苗生产情况、违规疫苗的流向等信息披露不足，一直到长生公司内部人员举报才引起了各方的注意。政府信息的供给与公众信息的需求之间存在着极大的张力③，一方面，公众对疫苗事件爆发的原因、影响以及自我保护等方面的信息需求非常迫切；另一方面，一些地方政府出于各种原因，发布信息不及时或者隐瞒信息。这种张力使公众的信息需求未能得到满足，而网络舆论信息的不断发酵则使受到海量信息冲击的公众产生恐慌和不信任感，放大了其风险感知。

---

① 胡颖廉：《行政吸纳市场：我国药品安全与公共卫生的治理困境——以非法疫苗案件为例》，载《广东社会科学》2017年第5期。

② 〔美〕马克斯韦尔·麦库姆斯：《议程设置：大众媒介与舆论》，郭镇之、徐培喜译，北京大学出版社2008年版，第152页。

③ 刘冰、王焱：《信息差距与危机沟通的优先次序——以山东非法疫苗事件为例》，载《北京行政学院学报》2017年第6期。

（二）政策源流：政策建议如何漂浮？

社会广泛关注的问题并不一定能够进入决策议程，还需要可行的方案与政策建议，针对这一问题所提出的建议合集就是政策源流，而提出这些政策建议的人群就是政策共同体，他们可能是专家、学者、行业管理者或者政府官员。尽管他们分布在不同的政策领域，但无一例外，他们都围绕共同的政策问题提出自己的政策建议，并且希望自己的政策建议在政策原汤的跳跃中得到决策者和公众的关注。从表1中可以看出，政策共同体成员意见各有侧重，疫苗生产者更加强调疫苗管理应遵循市场规律，希望立法能够致力于推动行业规范。政府官员以及高校的研究人员则更加重视疫苗从生产到流通等各个环节监管程序的完善。在疫苗安全管理政策建议漂浮的过程中，政策共同体试图通过政策“软化”以获得决策者的青睐，当某个政策建议具备技术可接受性以及价值可接受性时，就会成功地吸引到决策者。

表1　疫苗管理的政策网络建议

建议者	政策建议内容
全国人大代表郑奎城	完善预防接种补偿机制，改变现有的一次性补偿机制
京东集团创始人刘强东	建议政府部门严肃地惩处相关企业的责任人，同时，建议药监部门强化监管力度，重视事前预防
上海市食品药品安全研究会会长唐民皓	要对疫苗生产的企业实行更加严格的市场准入制度以及疫苗的信息化追溯系统，确保疫苗从生产到流通各个环节可追踪，鼓励社会资源参与疫苗管理，强化企业责任和社会共治
康希诺生物股份公司董事长宇学峰	在注重处罚、提高违法成本的同时要更多地考虑如何在符合市场规律，推动行业规范化方面立法
中国政法大学医药法律与伦理研究中心主任刘鑫	进一步强化问题疫苗事件的信息公开，同时，疫苗的生产应该按照药品生产企业的统一规定执行；将监管与市场手段结合起来，在监管的同时，也要充分发挥市场的调节作用，尊重市场规律，部分一类疫苗可由政府向社会购买服务，并引入第三方监管，弥补政府监管的缺失
北京市昌平区法制办原副主任吴锋	应提高招标与投标环节的质量要求和准入门槛，要克服“重审批，轻监管”思想，扩大疫苗抽检的范围，此外还要建立动态的监管机制，及时查清疫苗问题，预防与减少事故发生
上海市政协委员、静安区新联会会长童麟	找准监管的“痛点”，针对各个环节进行有效监管：加强疫苗生产监管，对生产过程中各个环节进行监控；严格管理疫苗运储，对在储疫苗进行核查；加强临期疫苗管理，由市级疾控中心对疫苗进行统一采购

但是，若政策问题缺乏符合相关标准的合适的解决方案，即使政策问题进入政策议程，依然会从政策议程中飘出。例如，早在2014年，全国人大代表、福建省疾控中心副主任郑奎城就提出应当完善预防接种补偿机制，他表示，《条例》规定的补偿机制容易出现同人不同价情况，一次性补偿也不符合疫苗伤害问题的现实。2016年，山东省疫苗违法事件引起了章子怡、金星以及李亚鹏等明星的关注，微博甚至发起了众星关注疫苗问题的话题讨论。在这之后，国务院虽然对《条例》进行了修订，但并未进行专门立法。因缺乏可行性操作方案，疫苗立法建议再次从政策议程中飘出，直到2018年长春长生公司问题疫苗事件发生才再次引起了决策者对疫苗事件的关注，这与金登教授提出的政策思想幸存的标准——技术可行性、价值可接受性等不谋而合。

（三）政治源流：公众情绪变化以及领导批示如何助推?

政治源流反映了决策者对有关问题的治理需求而感受到的压力的迫切性，它是政策议程的主要环节，由公众情绪、政党或者意识形态在国会中分布以及政府人事变更、选举结果等要素组成。[①]《疫苗管理法》政策议程的政治源流主要受到公众情绪变化的影响以及以人民为中心的执政党的意识形态的影响，这里的意识形态主要表现为领导批示。领导批示既是政治源流的一部分，又是打开政策之窗中政治窗口的重要影响因素。

1. 互联网叠加效应下公众情绪的变化

2016年山东疫苗事件之后，国务院对《条例》进行了修订，进一步强化了政府的监管职能。然而，这个事后补漏的措施并未从根本上解决存在已久的疫苗碎片化监管问题。2018年7月15日，国家药监局对长春长生公司问题疫苗进行了通报，责令其停止生产，排除风险。随后吉林省药监局公布了该企业生产的百日破疫苗违规批次，并公开了行政处罚决定书。至此，长生公司问题疫苗事件并未引起公众的特别注意，直到7月21日，一篇名为《疫苗之殇》的微信公众号文章在朋友圈刷屏，并引发“蝴蝶效应”，一时间问题疫苗成为全民话题。正如美国学者麦库姆斯所言，大多数公民在作出决策时，并不是根据自己所有的信息进行全面分析，而是

---

① 黄俊辉、徐自强：《〈校车安全条例（草案）〉的政策议程分析——基于多源流模型的视角》，载《公共管理学报》2012年第3期。

依靠一些当时在他们头脑中比较活跃的零碎信息作出判断。也就是说，公民依据大脑中已经存在的显要客体与属性议程作出回应，而且这个议程很大程度上是由大众媒介设置的。① 网络的去中心化表达方便了人们进行信息的交流，疫苗信息的刷屏使人们纷纷开始关注已经注射的疫苗的生产厂家信息，由于长生公司问题疫苗销量较大，逐渐引起了人们的恐慌。实际上，早在 2017 年 11 月，长生公司就因疫苗问题被药监总局责令停止生产不合格疫苗，山东省疾控中心也曾就购买的长生公司的疫苗情况对公众作了说明。那么，为何当时并未引发社会舆论呢？一方面，监管部门对长生公司的行政处罚过轻，企业违法成本过低，政府处罚力度并未达到公众的预期；另一方面，微信自媒体公众号文章的发酵点燃了公众潜藏已久的情绪，对不合格疫苗的恐慌主导了舆论的方向。同时，京东集团创始人刘强东、搜狗 CEO 王小川以及演员章子怡等在微博的再次发声进一步激发了公众对疫苗事件的关注，公众情绪发生了明显的变化。

2. 领导批示：官僚体制信息交换与共识达成的独特治理工具

领导批示是中国政治运行的重要环节，它是制度约束下的决策权运用，批示的运用与国家治理现代化并不冲突②，相较于多层级的官僚制，互联网条件下公共问题的叠加效应与领导批示交相呼应，为决策者迅速地表达与锁定问题提供了便利。领导批示拥有常规的科层信息机制不具有的效率，提供了对传统官僚制信息补救的重要机制。③ 在长春长生公司问题疫苗事件中，微信自媒体公众号文章首先是个人议程的设置，互联网的“蝴蝶效应”促使该事件从个人议程转化为公众议程。这个过程实际上是民意的再生产，公众期望通过互联网吸引决策者有限的注意力，促成问题的解决。2018 年 7 月 16 日，李克强总理对问题疫苗事件作出彻查的重要批示。7 月 21 日后，该事件逐渐转化为公众议程，再次吸引了决策者的注意力，国家主席习近平也对该事件作出依法追责的批示（详见表 2）。

---

① 〔美〕马克斯韦尔·麦库姆斯：《议程设置：大众媒介与舆论》，郭镇之、徐培喜译，北京大学出版社 2008 年版，第 152 页。

② 孟庆国、陈思丞：《中国政治运行中的批示：定义、性质与制度约束》，载《政治学研究》2016 年第 5 期。

③ 韩志明：《问题解决的信息机制及其效率——以群众闹大与领导批示为中心的分析》，载《中国行政管理》2019 年第 4 期。

表 2 国家主要领导人批示内容

领导人	批示日期	批示内容概括
李克强	2018 年 7 月 16 日	彻查长春长生公司问题疫苗事件
李克强	2018 年 7 月 22 日	疫苗事件突破道德底线，必须依法追责，给人民一个交代
习近平	2018 年 7 月 23 日	疫苗事件性质恶劣，要立即调查真相，依法问责，严肃处理，始终把人民健康放在首位，下定决心完善我国的疫苗监管体制

领导人的批示，为公共问题的解决提供了行之有效的途径。国务院调查组迅速对长生公司及其相关责任人展开了调查。不到半个月，公安机关提请人民法院对长生公司的高管实施批捕。作为一种国家治理的工具，领导批示显示出了其独特的治理优势，它实际上是政府及其核心决策者就政策问题的重要性交换信息与达成共识的过程，对于政策问题的优先次序作出安排，政府机构的决策执行效率得以迅速提高（见图 2）。

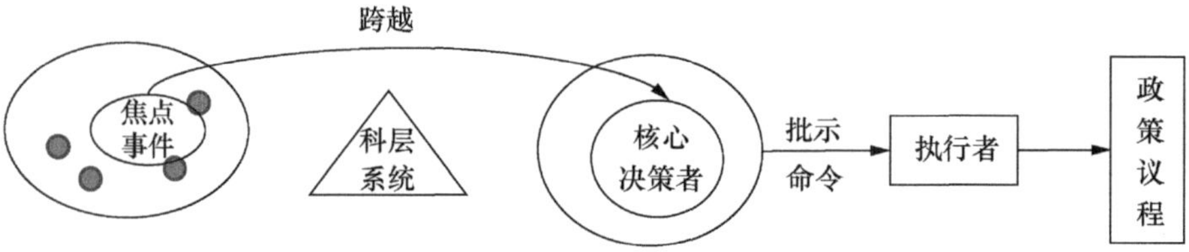

图 2 领导批示对政策议程设置的作用

四、多源流的耦合：政策之窗是如何开启的？

从上述分析过程来看，疫苗事件中的问题源流、政策源流与政治源流都发生了明显的变化，然而，这三股源流的汇合并非自动的，还需要适当的机会以及政策共同体的推动。

（一）政策之窗的开启：长生公司问题疫苗事件

金登教授认为，有时候，政策之窗的开启是由一个使政府感到压力很大或者至少被逐渐视为很急迫的问题引起的。① 如上所述，长春长生公司问题疫苗事件已经

① 〔美〕约翰 · W. 金登：《议程、备选方案与公共政策》（第二版），丁煌、方兴译，中国人民大学出版社 2004 年版，第 244 页。

成为一项全民话题，引起了社会各界的关注，研究人员、政府官员、受害者家长以及网络媒体上的网民围绕该事件进行广泛的讨论，产生了巨大的舆论影响。相比于长生公司问题疫苗事件，原来的事件虽然也有地方官员作出过回应，并且国务院在2016年就对《疫苗管理条例》进行了修订，进一步强化了政府部门监管的职责，但并未有合适的政策方案供选择，政策企业家也未能“趁热打铁”推动政策变迁。相比而言，长生公司问题疫苗事件在网络上的民意聚合效应更加明显，强化了政府对民意的感知。更加重要的是，国家主席习近平在国外考察时就对该事件做出重要批示，要求地方有关部门要高度重视，立即调查真相、严肃处理，同时，各级党委要把人民健康放在第一位，完善我国的疫苗管理体制。国家最高领导人的批示不仅使疫苗问题从公众议程转化为政府议程，也促使疫苗安全问题获得了在政府决策议程中的优先排序。

（二）政策企业家与三流合一

政策之窗的开启时间往往是短暂的，政策企业家必须能够在三流汇合时抓住时机，对各方进行软化，并提出自己的解决方案，否则，政策之窗就会关闭。金登教授认为，问题源流、政策源流和政治源流三者是相互独立的，他们的结合离不开政策企业家在政策窗口开启时的软化作用。

当长春长生公司问题疫苗案件发生之后，政策企业家们抓住政策窗口的开放时机，通过发表媒体评论、人大会议的提案等形式来宣传自己的政策方案。各种关于如何完善疫苗监管的政策建议开始在政策原汤中跳跃，如京东集团创始人刘强东在长生公司问题疫苗事件后就在微博公开表示将会向政协提案，并且建议药监部门强化监管力度，严肃惩处涉事企业。全国人大代表、山东省滨州畜牧兽医研究院院长沈志强曾在十二届全国人大会议期间提出要完善疫苗救济和补偿机制，在十三届全国人大会议上又提出了具体的补偿原则与实施方法，具有很强的可操作性，被全国人大常委会采纳，并写进了疫苗法草案中。中央党校副教授胡颖廉在接受央视采访时指出，疫苗监管应该保障公众知情权，强化对各个环节的监管，同时应该兼顾公众健康与商业利益，并发挥多元主体的治理功能等。另外，其他政策企业家也通过各种渠道，尤其是全国两会表达自己的意见，如建立疫苗信息化追溯制度、提高惩罚力度等。国内权威的媒体也针对疫苗安全管理问题进行评论，加速了“疫苗管理法”的议程设置。历经三次审议，最终，政策共同体各方在疫苗安全管理问题的迫切性、政策方案的可行性与价值的可接受性等方面达成共识，并在第十三届全国人大常委会第十一次会议上审议通过了《疫苗管理法》。

五、结论与讨论

本文通过回溯《疫苗管理法》出台的具体过程研究中国情境下的多源流解释框架以及互联网时代网络民意集聚效应、领导批示在促进政策议程设置中发挥的作用。通过对长春长生公司问题疫苗事件的分析可以发现，网络媒体的介入以及领导批示作为独特治理工具的运用为政策问题的锁定提供了重要的机制保障，通过网络媒体的叠加效应形成舆论压力，成功地吸引决策者的注意力，推动公共政策的变迁。同时，本研究表明，问题源流、政策源流以及政治源流之间并非独立存在，他们之间具有很强的结构性。本文也为以往疫苗安全管理问题未能促使政府立法提供了可能的解释，在长生公司问题疫苗事件发生之前，问题源流和政治源流虽然得到了一定程度的发展，但政策企业家们并未提出有效可行的解决方案，未能抓住政策之窗开启机会。

中国情境下多源流框架的分析提供了不同场景下理论对话的空间，更为重要的是，它为我们通过案例分析来检视西方理论在中国的适用性，从而为中国的公共政策议程设置提供了一定的启发。本文扩展性的政策含义为：一是要加强政府信息公开，同时完善公众信息沟通机制。加强政府信息公开强调自上而下的信息传递，保障公众的知情权，而完善公众沟通机制则强调双向沟通机制的建立，使公众能够有效地向上反馈信息，以便政府部门能够了解民生疾苦，将亟须解决的问题优先纳入政府议程。二是要强化舆情监管，积极关注媒体动态。管理者不直接处理具体的人、事务等，而主要通过处理信息作出反馈，因此大国治理的直接难题就是如何提供准确的信息以及根据信息作出抉择。[①] 基于此，应借助大数据建立网络信息监管机制，及时从互联网中获取舆情动态，为决策者提供准确的信息辅助。三是要进一步完善和发挥领导批示的治理作用。纵然领导批示不可避免地带有人治的色彩，但它与现代化的国家治理体系之间并不矛盾。领导人批示是对焦点事件的积极回应，表达了政府解决问题的态度，批示的信息以领导者权威作为后盾，跨越了官僚体制的信息壁垒，又反过来对官僚体制形成问责的压力，督促官僚体制积极地回应问题，提高政策执行效率。

---

① 韩志明：《问题解决的信息机制及其效率——以群众闹大与领导批示为中心的分析》，载《中国行政管理》2019 年第 4 期。

应急管理与社会治理

——关系、问题与现代化*

陶　东**

摘　要：应急管理是社会治理中的重要内容，但并不等同于一般的社会治理，也不等同于“应急治理”。应急管理处于社会治理之外，或是应急管理在社会治理中界限模糊，都会影响对突发事件的全过程管理以及最终的应急管理成效。在社会治理现代化过程中，一方面需要对应急管理体系与能力进行优化升级，另一方面需要细化落实社会治理中的公共安全特质，构建良序关系，充分利用各种治理工具，促进整体安全建设，实现应急管理现代化。

关键词：应急管理；社会治理；公共安全；现代化

2003年SARS事件后，我国积累了一定的突发事件处置经验，2006年《中华人民共和国突发事件应对法》（以下简称《突发事件应对法》）的出台使得“一案三制”应急管理框架基本形成，2018年应急管理部的成立标志着我国拥有了全国性的专业力量。这些积累与发展也使得我国在2020年新冠肺炎疫情防控中的表现可圈可点，体现了我国应急管理水平的进步与制度优势。但风险社会下危机的复杂性与广泛性也在催促应急管理现代化的实现，应急管理现代化的实现需要一个过程，个案的解决与部分模块的改善已不能满足现实安全需求，需要在结构上有所变革。

---

* 本文系2021年华东政法大学博士研究生创新项目“市域背景下社会风险治理模式创新研究——以绍兴市整体性智治模式为例”（项目编号：2021-2-011）的阶段性成果。

** 陶东，中共江西省委党校领导科学教研部讲师、江西省应急管理研究中心研究员，主要研究领域：应急管理。

在应急管理现代化过程中有一个非常基础也最容易忽视的问题，即应急管理与社会治理之间的关系问题。应急管理不是独立于社会治理之外的管理，也不是一般性的社会治理，两者之间关系的不顺畅，使得应急管理缺乏足够的社会资源，也无法与社会紧密结合，提升社会的整体抗逆力与恢复力。关系不顺畅下应急管理现代化的实现受阻，反过来也会制约社会治理的发展。

一、应急管理与社会治理的基本解释

（一）应急管理与社会治理

在我国语境下，与应急管理相关的概念还有公共安全管理、突发事件管理、危机管理、风险与风险社会管理等。这些概念各有侧重，又内涵相通，都是指对“非常之事”的管理。2018 年应急管理部成立之前，我国应急管理（公共安全管理）的实践大致可以分为三个阶段：1949—1978 年高度集中统一下的防灾减灾管理阶段；1978—2007 年改革开放背景下的突发事件管理阶段；2007—2018 年“一案三制”下的应急管理阶段。应急管理在发展过程中主要还是依赖政府力量不断推动，但随着公共部门改革，应急管理同样引入了新的管理理念、框架与工具。

社会治理概念主要有三种定义。第一种将社会治理视作一般意义上政府对社会的管理，包括统治型社会治理模式、以政府为核心的社会管理模式、服务型社会治理模式。① 第二种与西方治理理论密切相关，是一种新的公共管理方式，突出的是对政府公共权力的分享与社会自治；第三种则既有别于西方治理理论，又不同于传统社会管理的中国本土化的社会治理②，特征是既强调社会多主体参与，又强调政府的主导作用③，定义为“党委领导、政府负责、社会协同、公众参与、法治保障”④，但其本质上也吸收了治理理论的部分内容。本文借鉴的是第三种定义。

治理自 20 世纪 90 年代被引入社科领域后被赋予了新的含义。罗西瑙（James

---

① 肖文涛：《社会治理创新：面临挑战与政策选择》，载《中国行政管理》2007 年第 10 期。

② 向德平、苏海：《“社会治理”的理论内涵和实践路径》，载《新疆师范大学学报（哲学社会科学版）》2014 年第 6 期。

③ 郁建兴、关爽：《从社会管控到社会治理——当代中国国家与社会关系的新进展》，载《探索与争鸣》2014 年第 12 期。

④ 王浦劬：《国家治理、政府治理和社会治理的含义及其相互关系》，载《国家行政学院学报》2014 年第 3 期。

N. Rosenau）与罗伯特·罗茨（Robert Rhodes）都将治理视为一种新的管理①，将治理与传统的统治、管理区分开，解释为一种新的更为开放和被大多数人接受的治理方式。此后，治理理论的发展始终围绕这一宗旨展开，政府不再是唯一或单一的权力主体，公私界限开始模糊②，治理被看作互动（协同）的结果。③ 但治理并不是一个简单和可直接复制的“工作程序”，而是复杂社会系统的更新，需要拥有一个开放的复杂社会系统作为前提，系统中各主体能够进行平等的互动，并形成自组织网络与运行规则。④

治理理论强调政府公共权力的分享，公共事务的共同参与与互动，关注民主与效率。社会治理的实质就是对公共权力的分析再判断，对社会管理过程和模式的创新。应急管理是对突发事件的全过程管理，具有明确的目标导向，应急管理与社会治理的发展变革都是为了适应社会发展与实现公共利益目标。

（二）应急管理属于社会治理

应急管理并不是传统意义上的封闭式管理或固化式管理，而是一种广义上的管理概念，强调常态下的治理理念与非常态下的特殊管理相结合。这种广义上的管理也就自然属于社会治理的一部分，因而应急管理是社会治理中不可分割的重要组成部分，应急管理不可能脱离社会治理单独建设。

首先在逻辑上，应急管理无法脱离社会治理。从胡德为代表的新公共管理理论⑤到罗伯特·登哈特等倡导的新公共服务理论⑥，再到斯蒂芬·奥斯本提出的新公共治理理论⑦，公共管理的发展一直在重塑政府的角色与职能，完善政府与社会、市场之间的关系，追求与实现更高的公共价值与公共利益。改革开放后，我国公共

---

① 〔美〕詹姆斯·N. 罗西瑙主编：《没有政府的治理》，张胜军等译，江西人民出版社2001年版；〔英〕R. A. W. 罗茨：《新的治理》，木易编译，载《马克思主义与现实》1999年第5期。

② 〔美〕格里·斯托克：《作为理论的治理：五个论点》，华夏风编译，载《国际社会科学杂志（中文版）》1999年第1期。

③ Jan Kooiman, Social-political Governance: Overview, Reflections and Design, *Public Management Review*, Vol. 1, No. 1, 1991, pp. 67-92.

④ 李汉卿：《协同治理理论探析》，载《理论月刊》2014年第1期。

⑤ Christopher Hood, A Public Management for All Seasons? *Public Administration*, Vol. 69, No. 1, 1991, pp. 3-19.

⑥ Janet V. Denhardt, Robert B. Denhardt, *The New Public Service: Serving, Not Steering*, Routledge, 2001, pp. 25-43.

⑦ Stephen P. Osborne, The New Public Governance? *Public Mangement Review*, Vol. 8, No. 3, 2007, pp. 377-387.

部门已进行了八次重大改革[①]，对公共管理理念进行了创新，改变了公共部门的行政职能，调整了行政关系，使公共行政效能得到提高。[②]“治理”与“善治”已成为一种社会普遍性共识，服务、开放、透明、法治政府建设成为目标，应急管理作为社会管理的重要组成部分，在逻辑上不可能脱离社会整体而沿用传统的社会管理。在应急管理领域依赖传统封闭式管理与现实逻辑相违背，也无法取得目标效果。

其次是风险社会的形成，使得应急管理需要社会治理。传统的公共安全管理主要聚焦于自然灾害与公共卫生领域，而进入 20 世纪后半期，危机种类的增加和危机损害性的增大，迫使人们开始思考人类社会管理为何落后于现实。其中最为经典和准确的判断莫过于德国社会学家乌尔里希 · 贝克（Ulrich Beck）的“风险社会”理论。贝克认为在发达的现代社会中，生产力的极大发展使得风险和威胁达到前所未有的程度，地球上所有的生命形态都处于风险当中。[③] 从新冠肺炎疫情大流行来看，风险社会已经形成，甚至将演变为“危机社会”。而风险社会中一些新的危机的出现就是源于社会制度或社会发展的变迁，需要从社会治理的源头上进行管理。

最后是公共安全的复杂性需要社会治理中的新管理模式与工具。公共安全问题日趋复杂，随着现代化与全球化的深入，传统安全问题与非传统安全问题并存，致灾因子影响众多主体，单一力量难以处理和应对各类危机。公共安全事件发展规律复杂，突发性与渐进性并存。各类危机的发生也不再遵循传统的“萌芽—发展—爆发—结束”的规律，而可能是跳跃发展，进而形成各类次生与衍生危机。后工业化与城市化的发展使得人群聚集、产业聚集，承灾主体构成复杂，脆弱性增强。在全球化背景下，影响管理的因素众多且繁杂。而为应对这种复杂性，管理系统自身也开始趋向复杂，全过程危机管理、全灾种管理都意味着需要构建和组合更多的管理子系统。这些关键模块的复杂性需要整合社会有限资源，对多主体参与和主体间合作提出了更高要求，而这种开放性与变化性需求是传统管理无法满足的。因此，应急管理需要依托社会治理系统，以及治理理论中的一些新工具，弥补原有管理上的不足，发展与社会相适应的管理系统与工具。

---

① 宋世明、王君凯：《我国政府机构改革历程与取向观察》，载《改革》2018 年第 4 期。

② 王海燕：《我国公共管理发展的历程、成就与经验教训》，载《中共山西省委党校学报》2011 年第 2 期。

③ 〔德〕乌尔里希 · 贝克：《风险社会：新的现代化之路》，张文杰等译，译林出版社 2022 年版，第 6 页。

(三) 应急管理不等于应急治理

应急管理作为社会治理中非常重要的组成部分，是社会治理中的一种特殊形态，但这并不意味着可以直接将应急管理等同和归类到普通社会治理中。应急管理需要依托社会治理整体，并引入治理理论，完善应急管理，但也并不意味着要完全吸纳治理理论，直接演变成"应急治理"。治理理论是一种理论，而应急管理是一种管理，两者并不能直接进行比较，但可以从两者的理念目的、体系设计、主要方法上进行适用性分析。

从理念与目的来看，治理理论的产生是为了满足与应对人类社会发展进程中的管理问题以及社会价值实践，公共安全相关的管理是人类对自然灾害以及工业化、现代化反思所积累出的经验，两者具有一定的共通性。治理理念包含着多元、民主、合作①，目的是追求"善治"与公共利益的最大化②；而各类公共安全危机，特别是重大突发事件的管理在理念上注重的是安全效果，更加侧重处置的实效与时效，目的是尽可能减弱或消除威胁，减少个体的生命财产损失，维护公共安全状态，构建"和谐社会"。广义上说两者可以找到共通点，治理的目标可以涵盖应急管理的目的，特别是两者都关注公共利益。但治理理论的产生与发展主要围绕"治"，特别是对各类价值与更高效率的追求，而应急管理明确导向安全，对特殊突发事件的管理通常需要超越甚至突破治理的一般价值。以新冠肺炎疫情为例，许多国家的应对表现一般，强有力的措施有限，但就疫情的扩散性与危害性而言，常态下普通的治理模式显然无法有效解决此类重大突发事件，此时过度追求治理价值使得政府处于被动地位。理念与目的上的共通之处决定了应急管理属于社会治理的一部分，但其差异也决定了"应急管理"不能直接演变成"应急治理"。

从体系设计与方式来看，治理理论强调打破原有封闭式管理，引入市场与社会力量参与对公共事务的管理，构建网络式结构，注重分权与合作，试图去中心化与去权威，在各主体间构建一种平等的关系。而危机管理倾向于集中统一管理，系统设计上力求减少噪音，在公共安全发展中更是规范与细化了"行政应急权"③ 这一

---

① 周晓丽、党秀云：《西方国家的社会治理：机制、理念及其启示》，载《南京社会科学》2013 年第 10 期。

② 孙晓莉：《西方国家政府社会治理的理念及其启示》，载《社会科学研究》2005 年第 2 期。

③ 行政应急权（或行政紧急权、紧急状态下的权力），指的是非常态下的一种特殊权力，是政府在特殊情况下的权力集中和扩张，即当突发事件发生，常态下的行政权无法有效解决危机，相关主体可以依照法律、法规行使一种临时性的特殊权力，采取紧急规制创制、司法限制、行政权扩张等措施，控制与平息事件。

具有集权性质的特殊权力。应急管理通常围绕事件进行“全过程管理”，涉及舒缓、准备、处置、恢复等环节①，而这些环节中任何一环的失效或低效运行都会影响整个管理效能。为有效解决这类问题，各国应急管理实践都倾向于采用集中统一管理，或是直接采用传统直线式管理模式，落实具体责任。应急管理现代化同样强调多元主体的参与，但这与治理理论强调的多元主体参与并不一致。治理理论强调的是一种制度化的参与，责任落实较为分散；而应急管理更侧重工具化的参与，最终责任依旧停留在公共部门或者说政府。因而从体系上说，治理理论与应急管理内涵存在差异，在应急管理中盲目地引入治理理论容易导致应急管理体系分散，结构不对称。

当然，治理理论作为一种手段工具引入应急管理时有一定的适用性。但两者在理念目的以及体系要求上的差异决定了应急管理不能直接演变成应急治理。否则，公共部门需要改变原有的管理结构与运行方式，而这势必会削弱主要责任主体——政府的动员能力，与我国国情也不相适应，也无法在各类重大突发事件中发挥我国的制度优势。概言之，社会治理是一个边界模糊、范围广泛的领域，应急管理作为社会治理中的重要内容，随着现代化发展与公共安全需要，需要充分借鉴治理理论，借助社会治理现代化，实现应急管理的现代化，但又不能过度依赖治理理论，忽视应急管理的特殊性，直接演变成应急治理（见图1）。

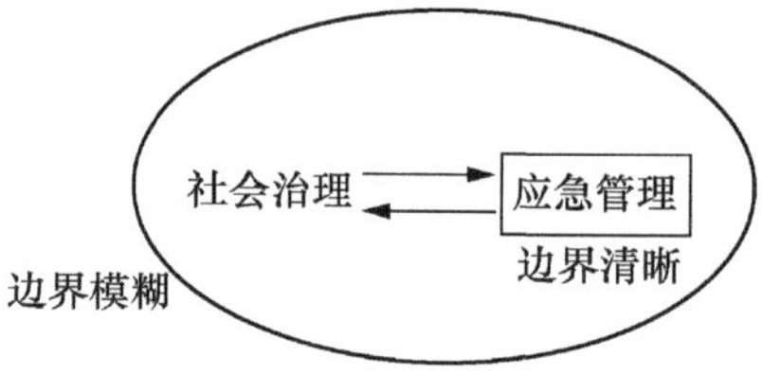

图1　应急管理与社会治理之间的应然关系

二、应急管理在社会治理中的状态及其影响

随着我国社会治理现代化的不断推进，应急管理基本框架已经形成。对突发事件的管理也不再是政府在危机状态下才有的行为，完全游离于社会治理之外的管理不再出现［见图2中（a）部分］。但在实践中，两者的逻辑关系并未完全理顺，

---

① Susan Gooden et al., Social Equity in Local Emergency Management Planning, *State and Local Government Review*, Vol. 41, No. 1, 2009, pp. 1-12.

部分应急管理未被纳入社会治理框架中［见图2中（b）部分］，被忽视或等同于一般的社会治理［见图2中（c）部分］，影响了应急管理的实际效果。

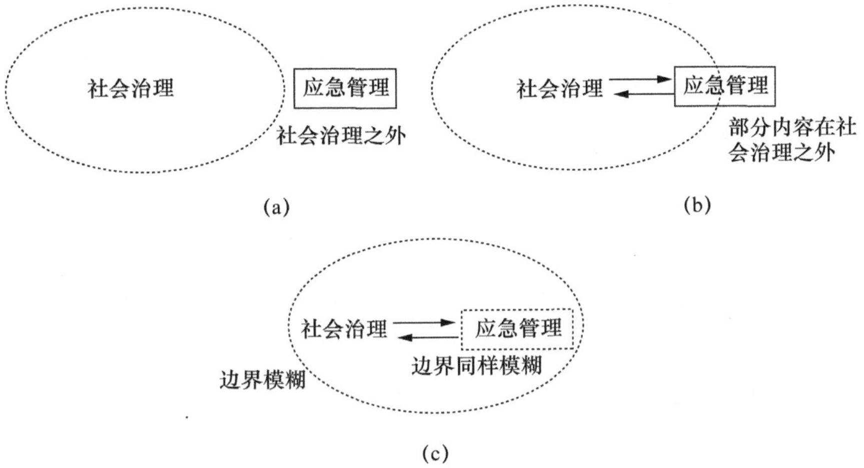

图2　应急管理在社会治理中的状态

（一）应急管理处于社会治理之外

应急管理处于社会治理之外，相关活动得不到有效的关注与资源支持，将对突发事件舒缓、准备、响应、恢复的全过程管理造成影响。

第一，应急舒缓。舒缓是“消除或者减少灾难出现的机会或者影响的一切活动”[①]，是现代应急管理关口前移的重要环节。在现有的“一案三制”应急管理体系以及对“四大类突发事件”管理的基本框架中，舒缓由各主管单位负责，“属地管理”的政府为事实上的第一责任人。但舒缓工作中的风险消减涉及内容众多，范围广泛，甚至需要重塑社会风俗习惯，单独依赖某个部门或组织难以完成。舒缓工作被局限于应急部门或少数几个部门，相互分隔、效果有限，风险压力也将留存至其他阶段。

第二，应急准备。应急准备指的是应急部门针对可能出现的危机事件作出计划安排，做好各项准备，有效应对危机，提升系统的抗逆力，具体包括应急管理规划、演练与培训、资源技术准备等。应急准备是舒缓的进一步落实以及响应的保障，现有法规与预案对四大类突发事件的准备也有着明确和详细的规定。但在既有制度框架下，应急准备被局限于这四大类突发事件中且相对分散，相关准备在其他

① 张成福：《公共危机管理：全面整合的模式与中国的战略选择》，载《中国行政管理》2003年第7期。

社会治理任务中同时存在，缺乏有效整合与协同，资源利用率较低，部门与区域间的协同也受到限制。最具代表性的是资源技术准备，我国有着非常规范、成熟的基本生活物资储备系统，以及应对自然灾害的物资储备系统，总体上分为国家储备与地方储备，储备方式有政府储备、商业代储、信息储备等，但都分散在各自领域，未能进行有效整合。这种分散性还表现在演练与培训等准备层面。

第三，应急响应。应急响应指的是突发事件发生后，政府采取各类紧急措施控制与平息事件，保障人民群众生命财产安全，降低各类损害。为避免响应主体在响应阶段的"手足无措"或决策不当，各类法规与预案也对响应措施进行了规定。紧急状态下，相关规定也赋予了其他社会主体相应的应急权，但其他社会主体只能按照传统的管理模式采取行动，应急力量难以嵌入其他社会力量形成合力，就容易影响事件处置的效率。另外，由于应急管理部分处于社会治理之外，相关应急权与预案并不一定与社会治理现状接轨，在应急响应中，组织间的隔阂、冲突就难以避免，影响了应急管理的合法性。

第四，应急恢复。应急恢复就是对正常社会运作和秩序的恢复，包括对原有状态的恢复以及系统抗逆力的提升。应急恢复是全过程管理中的事后阶段，该阶段下事态已趋于缓和，社会基本恢复常态。也有学者认为应急恢复应该在响应环节就已开始，恢复与响应、舒缓互相衔接，应急管理的全过程管理才得以实现。我国应急管理恢复在很长一段时间内被视为危机彻底结束后的管理行为，并将建设任务视作普通的社会治理，专业力量介入有限。这也使得恢复环节建设薄弱，距离系统性抗逆力提升还有一段距离。汶川地震后，我国更加重视灾害恢复工作，但应急管理领域内的恢复建设并不系统，各领域发展情况不一，各地区重视程度不同。如果将恢复任务视作普通社会治理任务，恢复建设就会缺乏专业性的内容、指标，无法达到更高要求，在建设过程中也容易各自为营，领域间、地区间无法形成合力。

（二）应急管理在社会治理中界限模糊

各类突发事件的应急管理需要一个强有力的组织或部门主导，但支持整个应急管理活动的却是整个社会系统，特别是当全国性的重大突发事件发生时，社会处于一个风险共同体中。

针对不同类型与程度的突发事件，应急管理体制可分为常态与非常态两种。常态体制依附于科层制结构，非常态体制则是一种特殊的管理方式，突出表现为政府使用行政应急权进行管理。常态化和非常态化两种应急管理体制各有各的适用范围，因而也各有各的疆域边界。与应急管理体制相对应的社会系统也应该具备两种不同的体系，即常态与非常态两种模式，并要求能够进行顺利切换。社会治理现代化中组织体系、制度体系、运行体系、评价体系和保障体系①对应急管理的忽视，如将应急管理视为一般的社会治理任务，除应急部门外，其他部门没有对应急能力和危机文化的培育，都将使得危机状态下社会运转受阻、恢复缓慢，也无法有效满足应急管理需求，且这种不足在危机状态下对社会治理系统本身也是一种伤害。当原定系统与资源不变，又不能顺利切换到非常态管理模式，基层过劳、成员消极应对、形式主义响应便不可避免。

突发事件，特别是重大突发事件的应急管理需要整个社会系统承接响应，但社会系统不可能都纳入常态化应急管理体系，或是让整个社会系统长时间处于紧张状态中，更多的还是需要社会系统自身进行优化，包括在常态下的安全建设（如韧性城市、安全社区）与危机文化建设等。社会系统与应急管理需求的适应与否，取决于社会治理现代化的水平。社会治理体系与治理能力的滞后在常态下容易催生、催化风险，最为直接的表现是在响应阶段无法长时间承接高压力、高要求、高风险的社会管理，阻滞应急管理进程，甚至使得危机进一步恶化。危机状态下既需要维持社会基本稳定与基本运转，还需要保障应急管理所需要的各类资源，落实各项应急措施，优化甚至加速各项管理进程。

三、社会治理现代化中的应急管理现代化

在推进社会治理现代化过程中，应急管理的现代化同样急需推进。一方面需要进一步完善我国应急管理体系，提升应急管理能力；另一方面需要细化落实社会治理中的公共安全特质，将社会治理与应急管理紧密结合起来，构建良序关系，促进社会整体公共安全建设。

（一）应急管理现代化核心的建立

现有对应急管理现代化研究的文献较少，且主要框架承接的是国家（社会）治理现代化内容，将应急管理现代化的基本框架等于国家与社会治理现代化的框架，未能突出应急管理的特殊性。研究所归纳的“碎片化”或体系、能力不完善等都证

---

① 杨述明：《现代社会治理体系的五种基本构成》，载《江汉论坛》2015 年第 2 期。

明我国应急管理的核心未能建立，现代化目标与如何现代化依旧停留在社会各子系统中，应急管理与社会治理之间关系依旧不畅，最终结果还是“谁需要，谁建设”。

应急管理具有非常明确的目标导向——公共安全，而这也是社会治理与应急管理共同关注的核心（社会必须承担维护公共安全的基础责任），借鉴“共同体”的概念，两者共同的核心可定义为“公共安全共同体”。在这一核心框架下，应急管理体制、机制都能有所着力，社会治理也能够兼顾应急管理需求，两者能够就公共安全目标达成一致。例如，围绕这一核心出台高位阶的“公共安全法”，解决现有相关法律中单行法结构缺陷与法律冲突等问题；或者在应急管理部基础上新成立一个常设部门，负责全国性公共安全事件的处置，避免新的安全事件处于部门间的空白地带或由于基层能力不足无法在第一时间进行有效处置。另外，在公共安全共同体框架下，应急管理的资源准备与预案设计也能进行完善，如将涉及公共安全相关的产品进行目录列举，分为通用类与专业类，并分层级、区域等进行整合，出台统一产品标准，保证质量。

应急管理现代化同样是一个过程。我国作为一个幅员辽阔、人口众多、文化多样但人均资源稀缺的大国，“对权威主导下的平稳而有序的现代化转型有着强烈需求”①，现代化的进程必然涉及对传统机构与习惯的改造，这就更需要一个强大且具有政治权威的部门来推动和完成。因而，推动应急管理现代化发展很难由市场或社会自发完成，还是需要以政府为主导，精心设计，整合各方。这种以政府为核心的管理似乎可以理解为一种“元治理”。元治理虽然是对治理失灵的反思，被称为治理的治理，“追求科层制、市场和网络三种治理的协调”②，但元治理是控制权力下放的治理过程的过程，以达到自治和控制的平衡为目标，但元治理容易导致管制不足或管制过度③，再次陷入治理失灵，而这对应急管理而言同样容易导致制度上的灾难。元治理或许更适合作为应急管理中的一种工具而非引导性概念，因而应根据我国实情从现有的应急管理出发，发展适合我国国情的应急管理现代化理论。

在以政府、公共安全共同体为核心的应急管理现代化过程中，除了制度的设计还需要重视文化层面的培养。再完美的制度终究要依靠人来执行，人员的失误既是

---

① 陈明明：《在革命与现代化之间——关于党治国家的一个观察与讨论》，复旦大学出版社2019年版，第117页。

② Bob Jessop, The Rise of Governance and the Risks of Failure: the Case of Economic Development, *International Social Science Journal*, Vol. 68, No. 22, 2018, pp. 43-57.

③ 孙珠峰、胡近：《“元治理”理论研究：内涵、工具与评价》，载《上海交通大学学报（哲学社会科学版）》2016年第3期。

应急能力问题，也是文化问题。如果缺乏相应的治理精神与法治精神，共同体的构建将缺乏基础。治理精神意味着基层能够拥有充分的自主性，以服务对象和结果为导向不断优化过程，根据实际情况总结出适合本区域的治理之道，而不是被动地在行政压力下进行改革。法治精神意味着对规则文化的尊重，在治理的各个环节中能够以法先行，使得整个社会在合理的法治框架下运行，减少人治习惯或因个人因素而违背事实需要的管理。这种文化需要在共同体构建中不断被塑造，从而反过来促进共同体的构建。

（二）应急管理现代化的实现途径

应急管理现代化的实现途径可分为：革命式、渐进式、技术式、混合式等。革命式指的是面对长期存在的复杂形势，现有应急管理与国家社会需要存在巨大差距，在时间紧迫、极端环境下寻求一揽子解决方法，将社会治理直接等同于应急管理，让所有社会事务都围绕安全展开。这种激进的现代化方式存在大量非程序性决策，通过各类权威与强制力保障实现。因而，这种途径并不符合当前治理逻辑与社会期待，且容易导致现代化成为政府的单向行为。但这种方式也不应该完全被抛弃，人类面对完全未知的风险终究是脆弱的，如高致命性与高传染性的传染病、巨灾式与毁灭式的自然灾害、未知的文明或技术威胁、完全超出人类认知范围的危机等。当现有最为完善的应急体系都失效时，这种革命式方式或许能够成为最后的防线。

渐进式考虑了不完全理性、不确定性环境、资源有限性的现实限制，试图在现有框架下不断调整、理顺应急管理与社会治理之间的关系，借力社会治理现代化，达到双向满足。这种方式可以在现有资源基础上以相对较小的成本实现目标，且社会参与度高，能减少系统间的摩擦与冲突，进程总体稳定。我国在发展过程中也积累了大量渐进式改革经验，基层社会更易接受，方法成熟、适用性高。但这种方式往往耗时良久，且结果并不一定完全满足现实需求，在风险社会下是否适用值得推敲。

随着大数据、人工智能、5G 技术、区块链等发展，国家与社会治理领域也迎来了重大变革，部分领域甚至是颠覆性变革；技术与技术治理成为社科领域的研究热点与重点。技术的引入可以在原有制度基础上改变组织结构、优化运行机制、变革参与方式，在短时间内提升系统整体的治理能力与应对突发事件的能力。技术还可以使得应急管理的舒缓与准备更为靠前与可靠，处置与恢复更为及时有力。利用技术与技术治理推进应急管理现代化具有很大诱惑力，但这种途径高度依赖技术，人员的能力、社会参与度与文化塑造等方面薄弱，且容易忽视技术本身所带来的风险以及治理风险。

混合式即在科学的制度安排下，以“公共安全共同体”为目标导向，充分利用各种工具推进应急管理现代化的实现。这种途径需要充分考虑我国国情，发挥制度优势，与国家社会治理现代化紧密结合，在制度上进行优化设计，综合利用各种工具不断推进。这种途径相对而言能够在较短时间内充分整合社会资源，调动社会广泛参与，平稳地实现目的，但需要精心设计与强大的制度支撑。应急管理现代化的实现途径是多样的，在复杂形势下，应进一步理顺应急管理与社会治理之间的关系，建立合适的制度框架，完善应急管理现代化中的理念解释、体系构建、体制机制与法治建设、文化塑造等具体任务。

社区防疫中的动员、责任与技术

——基于指数随机图模型的个案分析

刘嘉民*

摘　要：强大的政治动员力量、强烈的社会责任感和充足协调的技术保障是我国有效应对新冠肺炎疫情的关键因素。本文以B社区的综合防疫团队为例，运用指数随机图模型分析动员、责任和技术方面的属性对成员在社区防疫工作中的互动模式的影响。结果表明，政治动员、社会责任感会显著提高成员的工作活跃度；虽然技术分工不会对成员的工作积极性产生显著影响，但在各工种内部，成员的互动模式也会存在差异。另外，由于舆情引导的缺位，社区内出现了小规模的骚动和恐慌，这是B社区疫情防控需要改进的地方。

关键词：社区防疫；指数随机图模型；舆情引导

新冠肺炎疫情是中华人民共和国成立以来所面临的最严峻的重大突发公共卫生事件之一，是对我国国家治理体系和治理能力的一次重大考验，受到了党和政府的高度重视。作为疫情联防联控、群防群治的前沿阵地，基层社区成为外防输入、内防扩散的第一道防线，是疫情防控工作的关键所在①，以社区为单位开展的防疫工作也是对基层党政组织各项能力的一次重大试炼。

在党和政府的坚强领导以及全国人民的共同努力下，新冠肺炎疫情在我国被快速遏制，正常生产生活基本恢复。社区防疫在实现统一领导和重点防控的同时，发挥了保障区域稳定的组织作用，社区党员干部、社区工作者、志愿者以及广大居民形成了强大的凝聚力，将专业化、精细化和人性化管理落实在具体防控工作中，体

---

* 刘嘉民，上海大学社会学院研究助理，主要研究领域：社会研究方法、社会治理。

① 范鹏等：《新冠肺炎疫情期社区防控工作调查分析及建议》，载《卫生职业教育》2020年第11期。

现了中国特色社会主义制度在社区防疫工作领域的优越性。① 面对疫情，社会的人力、物力和财力等资源能够在短时间内被迅速整合，为防疫工作的开展凝聚巨大合力，离不开基层政府和党组织面对突发事件的快速响应以及对全体社会成员参与疫情防控的有效动员。

新冠肺炎疫情不仅给中国人民的健康安全带来了威胁，在全球范围内也给各国的社会发展造成了严重冲击，但是在这场全人类共同面对的危机当中，以美国、英国等为代表的西方发达国家的表现，与中国的有效防控形成了鲜明对比。国际研究者将这种落差归因于国家制度环境和民众心理等因素，从政体上讲，美国以中央和各州分权为主要特征的联邦制使中央和地方之间形成了合作关系而非领导关系，联邦各州没有服从于中央的责任和义务，在疫情防控中由于权力冲突造成了很多分歧和矛盾。在权力的博弈中，政府对民众的保护责任逐渐被统治阶级淡化。在民众心理层面，个人主义、自由主义的价值观在部分美国民众心中根深蒂固，减少聚集、佩戴口罩等对自己和他人的健康负责的行为被认为是对自由的侵犯。② 相较而言，中国无论在制度安排上还是日常生活中，都表现出了对生命、社会的尊重和责任。有学者认为，伟大的抗疫精神的形成得益于中华民族以公共精神为基础、以社会责任为动力的社会观③，在基层社区的疫情防控中，工作人员和志愿者勇于担当、恪尽职守，社区居民响应号召、自觉居家隔离就是公共责任意识最朴实的表现。

在技术方面，疫情防控归根结底是对国家救治预防、后勤保障、设施建设等各方面能力的综合考验，全社会技术力量的迅速集结为我国抗击疫情提供了坚强的硬件保障，同时也是“集中力量办大事”的制度优势的实际表现。④

综上所述，政治动员、社会责任感和技术支持是我国疫情防控取得重大成果的“三大法宝”，作为疫情防控的前沿阵地，各基层社区也在防控工作中充分发挥了三者优势，结合本地的实际情况采取一系列措施，调度社会各界力量应对疫情挑战。为了探究动员、责任和技术是如何在基层社区的防疫工作中发挥作用的，本文以位于胶东半岛的 B 社区为例，借助社会网络分析方法和指数随机图模型，以进驻 B 社区开展防疫工作的综合团队的 25 位成员为对象，对他们在工作期间形成的联系网络进行分析和讨论。

---

① 李昊芮、陈茹：《论社区在新型冠状病毒肺炎防控中的作用》，载《办公室业务》2020 年第 18 期。

② 杜继锋：《美国疫情防控与美国国情》，载《东北亚学刊》2021 年第 1 期。

③ 郑士鹏：《公共精神培育与社会责任建构——学习伟大抗疫精神启思》，载《中国特色社会主义研究》2020 年第 Z1 期。

④ 冯梦麒：《疫情防控彰显集中力量办大事的制度优势》，载《北京教育（德育）》2020 年第 12 期。

一、文献回顾

新冠肺炎疫情暴发以来，防控成效呈现出鲜明的国别和地区差异。我国大陆地区整体疫情防控取得了举世瞩目的成果，这是我国制度优势的典型体现。张艺歆等认为，中国共产党对防疫工作的集中统一领导让各级党委和政府凝心聚力，形成了强大的政治领导力、组织凝聚力和人民向心力。① 随着我国国家治理现代化进程的推进，党和政府的制度执行能力不断提高，治理结构不断优化，制度优势更好地转化为治理效能②，从而在疫情防控当中将“守土有责、守土担责、守土尽责”的方针落到实处。疫情伊始，在把人民群众生命安全和身体健康放在首位的价值取向引导下，全国各地迅速集结医疗专家团队赶赴武汉，即使在全国生产生活基本恢复的当下，党和政府的强大动员力量仍然发挥着不可或缺的作用。

除了党和政府的坚强领导，全国人民心系同胞、顾全大局的精神和行动也为疫情防控做出了巨大贡献。邱利见认为，以爱国主义为核心的民族精神使中国人民在疫情中激发出了巨大的创造力、创新力、向心力和梦想力，经受住了疫情的考验。③很多新的社交规则应运而生，如减少聚集休闲活动、自觉佩戴口罩、出示健康码等，尽管给人民生活带来些许不便，但迅速被全国人民接纳并自觉履行，在建构论学者看来，这些新的社交规则是对以往习惯化的认知和生活方式（如通过宴请表达感情）的颠覆，并在疫情这个特殊的社会背景之下得以制度化，而民众对自身健康和社会安全的尊重就是这些新的社交准则得以制度化的重要动力。④

另外，在疫情防控当中发挥“集中力量办大事”的制度优势离不开我国社会各界力量的技术支持。孙彩红认为，充分发挥政府整合和组织资源的能力，让疫情防控的多元主体共同发挥作用是协同治理的组织条件，这就要求在政府的统一整合之下，各职能部门“全民参战”，发挥各自本职作用，从医疗、设施、维稳、日常服务等各个方面同时着力，形成完备的防控体系。⑤

---

① 张艺歆、张健华：《制度优势是战胜疫情的必胜法宝》，载《辽宁省社会主义学院学报》2020 年第 2 期。

② 毕国帅、李海青：《从优势到效能：推进国家治理现代化的实践遵循》，载《北京行政学院学报》2020 年第 1 期。

③ 邱利见：《在抗疫中高扬伟大民族精神》，载《中学政治教学参考》2021 年第 3 期。

④ 陈九朋、李晓乐：《重大疫情防控中人民大众的抗疫道德观建构》，载《吉林师范大学学报（人文社会科学版）》2020 年第 5 期。

⑤ 孙彩红：《协同治理视域下政府资源整合与组织能力分析——以新冠肺炎疫情防控为例》，载《四川大学学报（哲学社会科学版）》2020 年第 4 期。

简言之，我国的疫情防控能取得重大成果，离不开党和政府、一线防疫人员和全社会人民的共同努力。其中，各级党委、政府通过坚强的政治领导与行政领导为整盘防控大棋指明了方向，强大的动员力量让全体社会成员都参与其中。有学者剖析成都基层社区的防控模式后发现，有效动员社区党员群众共同参与是在疫情中答好"城市治理卷"的关键，党员积极响应，紧密团结群众，成为社区防控的"领头人"；同时，"共建共治共享"的基层治理模式激发了社区活力，动员全体社区成员成为疫情防控的主体，实现了"联防联控联动"的防疫机制。① 涂启亮、张泰山基于对湖北省某社区的疫情防控模式的考察，认为基层行政部门在联防联控中发挥着"组织、宣传、管控、服务"四大功能，旨在通过多元化的方式方法发动全社会成员投入防疫工作，这是防疫胜利的重要基础。② 刘益民结合实践经验提出，多元化防控管理模式的形成在很大程度上依赖于动员覆盖面的扩大，不仅要发挥党和政府在防疫工作中的领导作用，同时也要注重动员全体社会成员协作参与，发挥法治和德治作用，将统领共治、联动法治、文化德治和协商自治通融起来。③

其次，中国人强烈的社会责任感也是疫情防控取得重大成果的重要保障。"天下兴亡，匹夫有责"的家国意识根植于中国人的思想观念中。余艳红认为，中华优秀传统文化中的民本主义精神、家国情怀与家国一体的政治意识以及道德哲学层面的超越意识是我国疫情防控取得重大成果不可或缺的"精神力量"，中华民族身上隐藏有其他民族所不具备的文化基因和密码，激励着无数普通人在抗"疫"中敢于牺牲、勇于奉献。④ 刘倩通过对某抗疫摄影作品展的精神传播的分析阐释了平民视角下的情怀与担当，她认为每一位中国人都表现出了"同心同德、共克时艰"的抗疫精神，这是强烈的社会责任感的聚合作用的体现。⑤ 陈宝等认为，新冠肺炎疫情作为一场严峻的社会危机，本身就是一场对公民责任的深刻考验，在这场"大考"中，我国公民的社会责任实现了从被动服从到主动履行、从个体责任意识到集体责任意识的完美蜕变，深刻体现了我国公民勇于担责、舍己为人和众志成城的当代公民素养，而这些品质已经深刻地镶嵌在了中国人的社会责任感当中，逐渐成为民族

---

① 杨英杰：《大考之下答好城市治理基础题》，载《成都日报》2020年3月25日第3版。

② 涂启亮，张泰山：《基层社区在新冠肺炎疫情防控中的功能探析——以湖北省X县Q镇城区社区为例》，载《湖北师范大学学报（哲学社会科学版）》2020年第3期。

③ 刘益民：《疫情防控之于基层社会治理》，载《上海人大月刊》2020年第5期。

④ 余艳红：《抗"疫"彰显中华优秀传统文化的生命力与比较优势》，载《北京教育（高教）》2020年第12期。

⑤ 刘倩：《平民化视角传递家国情怀与抗疫精神——以钱捍抗疫生活影像日记摄影展〈面对〉为例》，载《青年记者》2020年第33期。

精神的重要内核。[①]

最后，充分、协调的技术分工为疫情防控的顺利开展提供了硬件支持。在基层社区的疫情防控中，技术手段主要表现为多部门的共同参与和协作，俞文雅等在讨论疫情中基层医疗卫生机构的职能时提出，“采取高效综合的防控响应措施，是防控疫情的关键”，这就需要基层政府在落实疫情防控工作的时候认识到，遏制疫情、减少传播风险绝不是医护人员的“独角戏”，还需要建立完善的综合防控团队，在社区安保、防疫基建等各个方面发挥各自专业职能才能实现全面防控。[②] 专业的社会工作者、社区工作者，以及志愿者在社区防控中的机动、辅助作用同样不可忽视。姚韦伟认为，专业社会工作者和志愿者具有独特的专业服务和密切联系群众的优势，让这一力量有序参与社区疫情防控工作对基层治理能力的提升大有裨益。[③]

综上，政治动员、社会责任感和技术分工是分析我国疫情防控经验的三个最重要的切入点，基层社区的防疫工作之所以能够取得成效，离不开多方主体的参与，但是现有成果却很少结合实际案例对动员、责任和技术如何在社区防疫中共同发挥作用进行探讨，而在作者看来这一问题十分重要，因为这是讲好社区战“疫”故事、充分了解社区防疫工作组织机制和行动模式、总结经验教训，进而改进社区对突发公共危机事件的处理方案的必由之路。

二、研究思路与研究设计

在我国绝大多数地区生产生活基本恢复的当下，世界范围内仍有不少国家和地区的疫情愈演愈烈，给人民生命健康和社会发展带来威胁。在我国，党和政府、社会职能部门和广大党员群众悉数参与，通过政治动员、社会责任感和技术分工三股力量共同抗击疫情。在基层社区防疫中，具体的防控举措不尽相同，动员、责任和技术也通过不同的形式影响着防疫工作的开展。

位于胶东半岛的B社区出现确诊病例后，由市委市政府紧急动员，从当地医院、街道办、环卫等6个部门调派人力组建了综合防控团队并成立临时党支部，全

① 陈宝、韩海冬、王玉玺：《共抗疫情：公民社会责任的伟大践行》，载《常熟理工学院学报》2020年第6期。

② 俞文雅、石建伟、王慧：《重大传染病疫情下对基层医疗卫生机构职能的思考》，载《上海预防医学》2020年第7期。

③ 姚韦伟：《进一步发挥社会工作和志愿服务优势促进基层社会治理——湖北省社会工作和志愿服务力量参与新冠肺炎疫情防控的启示》，载《中国社会工作》2020年第12期。

面接管了B社区的医疗卫生和维序、保洁等日常服务工作。团队成员来自不同单位、不同岗位，在工作中与他人的互动模式和工作活跃度也存在差异，本文通过量化方法探究动员、责任和技术因素对团队成员在防疫工作中的活跃度的影响。

政治动员是政党在革命、建设、改革过程中实现政治目标的重要方式，同时也是激励政党成员与民众采取行动的重要推动力。[①]“全心全意为人民服务”是中国共产党的根本宗旨，因此，在面对疫情时，坚决打赢疫情防控阻击战、保障广大人民群众的生命健康安全就是当前的重大政治任务，政治动员也就成为紧急调度党员群众投入到疫情防控工作中的重要手段。[②]实际上，动员机制在我国的社会发展中具有悠久的历史渊源，尤其是在当下社会风险日益增加的时代背景和我国的政治建设稳步推进的社会背景下，政治动员在防范和应对重大社会危机事件中的重要地位也日渐凸显，在促进资源整合、激发社会潜能等方面发挥着不可或缺的作用。[③]党的十八大以来，在“以人民为中心”的核心理念的指导下，我国动员工作的形式不断丰富，动员路径不断拓宽，创新性和时代性的特征进一步凸显。[④]熊贵彬通过比较中国、美国和日本的救灾体系发现，中国共产党及其领导下的政府在面对危机事件时强大的组织力和领导力可以在短时间内迅速反应，从全社会动员人力、物力和财力，确保救灾工作有序开展，集中力量办大事，这是美国、日本等注重救灾立法和责任区分的国家政府所不具备的政治优势。[⑤]

在B社区的防疫工作中，基层党委政府的动员能力也在团队的迅速组建当中得以体现，因此我们可以作出假设：

假设1：政治动员是B社区疫情防控工作的动力源泉，在团队当中，受到行政动员影响越大的成员工作活跃度越高。

新冠肺炎疫情的暴发作为一场严重的全球突发公共卫生事件，体现出当今风险社会中的严重不确定性，尤其对于我国正处于并将长期处于社会主义初级阶段的实际情况而言，有效地应对危机离不开每一位公民基于公民责任所做出的积极努力。[⑥]

---

① 罗志勇：《国家治理现代化进程中党的政治动员研究》，载《中共山西省委党校学报》2020年第4期。

② 资料来源：http://www.xinhuanet.com/politics/2020-01/28/c_1125508545.htm，2021年3月25日访问。

③ 王玲：《灾害社会中的政治动员：运作与成效》，载《湖北省社会主义学院学报》2014年第3期。

④ 陈君锋、唐玲：《新时代中国共产党社会动员工作的发展路径——以COVID-19防疫动员为例》，载《西南科技大学学报（哲学社会科学版）》2020年第5期。

⑤ 熊贵彬：《中日美救灾体制比较——以汶川地震、东海岸地震、卡特里娜飓风为例》，载《中国青年政治学院学报》2011年第6期。

⑥ 王永明、郭廓：《论应对公共危机中公民责任教育对策》，载《知与行》2017年第10期。

何垚、黄希庭认为当代中国人的社会责任感是一种跨越情景、以“克己为他”的儒家价值为核心的人格特征，儒家所强调的“仁爱”思想奠定了“他者为先”的人际责任感基调①，而在疫情当中，这种责任感就表现为每一位中国人都能为减少传播风险、守护全社会人民的健康平安贡献自己的一份力量。当下，我国疫情防控已经取得重大突破，这一成绩离不开“他者伦理”指导下的责任实践，也正是由于社会责任感的存在和践行，中国人才能够在危机当中构建起超越性的“命运共同体”。基于上述观点，我们可以假设：

假设2：社会责任感在社区防疫当中同样重要，团队成员的社会责任感越强烈，工作的活跃度就越高。

在新冠肺炎疫情的防控中，我国既展现出了优越的制度优势和民众的团结精神，同时也发挥出了超高的技术水平。疫情伊始，国家卫健委牵头成立了“国务院应对新型冠状病毒感染的肺炎疫情联防联控工作机制”，下设疫情防控、医疗救治、科研攻关、宣传、外事、后勤保障、前方工作等工作组，分别由相关部委负责同志任组长，要求各工作组“明确职责，分工协作，形成防控疫情的有效合力”。在基层社区防疫工作中，同样注重多部门的技术协作，以B社区为例，为了提高疫情防控的职业化、专业化水平，社区物业工作人员全部离岗，从入户体检和消杀到社区维稳保洁等一切工作全部由防疫团队中的专职人员接管，因此我们假设：

假设3：防疫团队成员的工作活跃度存在技术分工差异。

在技术层面，除了成员的分工职责之外，以往的管理经验也值得考虑。因为不同于其他的团队协作，在2020年初，新冠肺炎疫情对于全人类而言都是未知的挑战，社区疫情防控工作如何开展、团队成员如何沟通协作等都需要一线的工作人员“摸着石头过河”，在原单位担任管理职务的成员可能更有指挥优势，因此，在假设3的基础上我们可以引申出下列子假设：

假设3a：成员在原单位的管理经验越丰富，在防疫工作中的活跃度就越高；

假设3b：成员的工作活跃度会因为在社区防疫中的分工职责的不同而存在差异。

---

① 何垚、黄希庭：《〈论语〉中的人际责任感及其启示》，载《西南大学学报（社会科学版）》2017年第1期。

三、研究对象、变量与方法

（一）B社区疫情与防控团队简介

B社区是位于山东省胶东半岛的一个普通居民小区，共有约700户居民，属于Q街道办事处管辖范围。2020年2月中旬，该小区1号楼上一对老年夫妇由于间接接触一名武汉旅客，出现了发热、呕吐等不适现象，随即被确诊为新冠肺炎并隔离收治。B社区是Q街道办事处辖区内唯一出现疫情的居民社区，受到了市委市政府的高度重视，为了防止传染风险扩散至其他社区，要求街道办立即行动，严防死守。老年夫妇被确诊当晚，街道办就联系了当地城建部门，用夹心彩钢板和钢架封锁了1号楼和其临近的3号楼，要求除工作人员之外任何人不得进出；社区的保安和保洁人员全部停工，由武警接管了社区的安保和巡逻工作，严格控制社区居民户外活动；保洁工作则由环卫部门的工作人员接管，在指定时间和地点清运垃圾。

次日，从县医院抽调的医护人员抵达社区，负责住户的上门体检和社区消杀等工作；街道办工作人员和来自本地某护校的青年志愿者也相继进驻社区。至此，来自6个单位的综合防控团队组建成功，在接下来的两周内在B社区开展疫情防控工作。团队的人员构成和职责分工如表1所示。

表1　B社区综合防控团队人员构成与分工

成员类别与简称	成员来源	人数	主要职责
团队管理者（TM）	街道办事处	3	指挥工作，协调、调度团队成员
医护人员（MC）	县医院	6	上门体检、健康监测与咨询、社区消杀
保洁人员（EC）	环卫部门	3	非常驻，根据其他工作人员的指示定时进入社区特定区域打扫、清运
武警（PO）	武警部门	4	社区安保和日常巡逻
建筑施工人员（AB）	城建部门	4	社区内各类临时防控、封锁设施的修建与维护
青年志愿者（YV）	护校	5	为被封楼的居民代购生活用品，协助其他工作人员开展各类工作

防控团队运用微信和钉钉两款手机App作为通信工具，为了提高沟通效率，要求在不影响与家人的必要联系的情况下，原则上成员要卸载与工作无关的社交和娱乐软件，工作时间内若无紧急事件，要时刻关注手机信息。

（二）变量设置

1. 因变量

在具体社群的社会网络分析中，个体往往由独立节点表示，节点之间的连线表示个体之间建立起的联系。在本文中，成员的工作活跃度主要通过工作网络中的某一节点与其他节点建立联系的指数概率表示，这一数值越大，说明这一节点在网络中的活跃度越强，在社区防疫工作中就越积极。因此，该防疫团队工作网络的呈现是因变量的测量的前提。

微信和钉钉两款 App 都能够保留聊天和通知记录，通过这些信息可以直接观测到成员之间的交流情况。因此，对 25 位成员进行访谈时，作者在征得同意之后在其监督之下浏览了他（她）和其他成员之间的微信、钉钉聊天记录，并对涉及工作交流的内容进行了进一步询问，如一位武警通过微信给一位医护人员发信息“早晨 10 号楼上的一个老太太想给 1 号楼上的儿子家送点吃的，我让了，在门洞递进去的，老太太住在 10 号楼 × 单元 × × ×，1 号楼上的是 × 单元 × × ×，这两家你倒空去看看”，虽然医护人员没有回复，但访谈得知他当日下午就和另一位同事到了这两家进行体检和消杀。类似于这种情况，也视为这位武警和接收消息的医护人员之间、两位一起上门的医护人员之间建立了工作联系。除了访谈时有两位成员不在本地，在取得其联系方式后进行了电话访谈，其他成员都接受了这一访谈方式。基于这一方法对该团队成员的工作联系网络进行可视化还原，如图 1 所示。

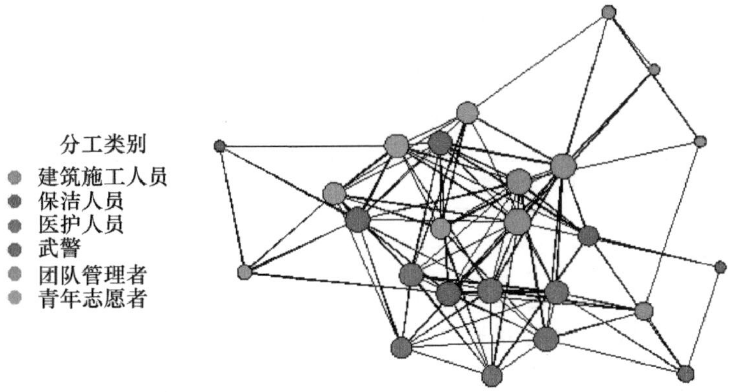

图 1　团队成员工作网络

2. 核心自变量

本文的核心自变量主要包括政治动员、社会责任感和技术分工三个维度。其中，在行政动员维度上我们选取了成员的政治面貌作为具体测量指标，政治面貌为“中共党员（含预备党员）”设置为1，“非党员”设置为0。之所以选择这一指标，是因为在疫情防控中共党员表现出了无畏的奉献精神和行动能力，在党中央“让党旗在抗疫一线飘扬”的号召下，“中共党员”的政治身份变成了一种强大的动员力，广大党员主动化身“最美逆行者”，用实际行动践行了“为中国人民谋幸福，为中华民族谋复兴”的初心和使命。

社会责任感作为一种愿意为他人服务、将造福社会作为自身使命的社会心理现象，在本文中我们操作化为“是否有宗教信仰”“在过去的一年内为任何组织或个人捐款捐物的累计金额（元）”以及“在过去的一年内参与各类社会志愿服务活动的累计时长（小时）”三个指标。对于绝大多数宗教而言，积德行善、造福社会都是重要的教义，统计显示在2012年至2018年间，有记载的宗教界捐款数额已累计超过10亿元人民币①，对社会发展做出了不小的贡献；慈善捐赠、志愿服务是当前最常见的亲社会行为的表现形式，也体现出了参与者的社会责任感和使命感。在本文中，“宗教信仰”设置为二分变量，其中“有宗教信仰”为1，否则为0；捐款金额和参与志愿服务时长为被访者回答的具体数值，均为连续变量。

在技术分工方面，选取了“在原单位是否担任管理职务”以及“在团队中的分工类型”两个指标，前者为二分变量，若被访者在原工作单位担任管理职务则设置为1，否则为0；后者为包含“团队管理者、医护人员、武警、保洁人员、建筑施工人员和青年志愿者”五类工种的定类变量。

3. 控制变量

控制变量包括团队成员的年龄和性别，其中年龄为连续变量，性别为二分变量，男性设置为1，女性设置为0。

上述自变量与该工作联系网络的描述性统计分析如表2所示。

表2 描述性统计分析（N=25）

控制变量与核心自变量		均值	标准差
控制变量	年龄	34.8	10.638
	性别（男,%）	0.64	0.490
动员	政治面貌（中共党员,%）	0.56	0.507
责任	是否有宗教信仰（是,%）	0.12	0.332
	一年内捐款捐物总额	137.6	229.35
	一年内从事志愿服务总时长	8.24	7.149

① 中华人民共和国国务院新闻办公室：《中国保障宗教信仰自由的政策和实践》，载《中国宗教》2018年第4期。

（续表）

控制变量与核心自变量		均值	标准差
技术分工	是否在原单位担任管理职务（是,%）	0.24	0.436
	团队管理者（TM,%）	0.12	0.332
	医护人员（MC,%）	0.24	0.436
	武警（PO,%）	0.16	0.374
	建筑施工人员（AB,%）	0.16	0.374
	保洁人员（EC,%）	0.12	0.332
	青年志愿者（YV,%）	0.20	0.408
网络指标			数值
边数			101
网络密度			0.337

（三）模型

为了探究团队成员的工作联系网络的形成机制，本文借助指数随机图模型进行分析。该模型是一种以网络结构为基准的概率生成模型。① 相比于传统的单一网络结构分析方法，该模型可以将多个层次的网络结构变量纳入考虑范围，实现了从微观到宏观的飞跃，进而更全面地揭示网络结构形成的社会化过程。我们假定随机网络 N 是由样本 n 中的节点的互相联系实现的，那么，网络 N 发生的概率就可以被界定为相关变量的指数函数，可以用如下公式表示其函数关系：

$$(N = n/X) = \frac{ewp\{\theta^T g(n,X)\}}{\kappa(\theta,n)}$$

在这个公式中，X 是网络属性组成的协变量向量，g（n，X）是由各种统计量所组成的向量，θ 是待拟合参数向量，κ（θ，n）为常数项，基于以上元素，模型在数值上满足了概率概念，② 其变式为：

$$\sum_{z \in N} ewp\{\theta^T g(n,X)\} = 1$$

在社会科学的实证研究中，待拟合参数向量 θ 是我们关注的重点。因为 θ 值代表了相关构型变量或协变量对网络形成的边际影响，可以直观地呈现社会属性对网络生成的贡献度，换言之，统计量 g（n，X）每增加 1 个单位，则网络生成的对数

---

① Dean Lusher, Johan Koskinen & Garry Robins, *Exponetial Random Graph Models for Social Networks: Theory, Methods, and Applications*, Cambridge University Press, 2013.

② Qing Xie, Feng Xiong et al., Interactive Resource Recommendation Algorithm Based on Tag Information, *World Wide Web*, Vol. 21, No. 6, 2018, pp. 1655-1673.

概率值就会增至 e^{θ} 倍。因此，θ 值的正负、大小和显著性可以作为判断工作联系网络生成的关键影响因素的参考。①

四、网络分析

（一）社区防疫团队工作网络中心性浅析

在表3中，我们展示了25位成员的度中心性（degree）、接近中心性（closeness）和中介中心性（betweenness）的分布情况，成员姓名用小写字母a至y代替。可以发现，团队管理者（TM）和医护人员（MC）是团队的"主心骨"，而保洁（EC）、建筑施工人员（AB）等工作较为单一的人员与其他人联系较少。

但是，网络图谱和节点中心性表达的信息有限，我们只能从较为宏观的层面上得知在这个网络中各节点的活跃性。为了进一步探究在这一团队当中，动员、责任和技术方面的属性是如何影响网络结构的形成的，我们接下来引入指数随机图模型进行分析。

表3　成员度中心性、接近中心性和中介中心性分布

成员	度中心性	接近中心性	中介中心性	分工	成员	度中心性	接近中心性	中介中心性	分工
a	14	0.706	32.779	TM	n	3	0.429	0.433	PO
b	12	0.667	19.424	TM	o	10	0.632	5.413	PO
c	12	0.649	22.768	TM	p	11	0.648	17.342	PO
d	10	0.615	10.713	MC	q	3	0.471	2.075	AB
e	12	0.667	10.604	MC	r	4	0.480	3.268	AB
f	8	0.571	3.107	MC	s	6	0.533	6.175	AB
g	10	0.615	5.866	MC	t	3	0.490	1.056	AB
h	8	0.558	4.218	MC	u	8	0.585	4.488	YV
i	11	0.632	11.647	MC	v	4	0.480	1.886	YV
j	7	0.571	10.568	EC	w	9	0.571	7.896	YV
k	3	0.471	1.033	EC	x	10	0.632	15.152	YV
l	5	0.490	4.778	EC	y	8	0.585	10.909	YV
m	11	0.631	17.403	OP					

① Z. Fang et al., *Cross-Domain Recommendation via Tag Matrix Transfer*, IEEE International Conference on Data Mining Workshop, 2015.

（二）模型分析

基于R语言的statnet和ergm包进行指数随机图模型计算，并通过“马尔科夫—蒙特卡洛最大似然估计法（MCMC）”进行模型参数估计，在前四个模型当中先后加入成员的各维度的属性进行分析，嵌套模型结果如表4所示。

模型Ⅰ是基础模型，考察了性别和年龄对工作关系形成的影响，数据显示年龄的影响并不显著，而性别的影响较为明显，即女性比男性在团队中更为活跃，更容易与其他成员建立工作联系。但我们加入其他核心自变量后就会发现，性别影响的显著性发生了较大波动，尤其是在模型Ⅲ和模型Ⅳ中，性别对网络结构的影响不再显著，换言之，男性和女性成员在工作活跃度上没有显著差异。其实这一现象并不难理解，因为社区防疫工作十分繁杂忙碌，在安排任务的时候往往是“看见谁就给谁，谁能上就谁上”，几乎不考虑性别问题；在访谈中，很多团队成员也都调侃防疫工作是“女人当男人使，男人当牲口使”，并不需要男同志多照顾女同志，因此性别没有成为影响工作活跃度的显著因素。

表4　ERGM嵌套模型参数估计结果

变量＼模型	模型Ⅰ	模型Ⅱ	模型Ⅲ	模型Ⅳ
常数项	0.331（0.626）	-0.622（0.693）	-2.293（1.243）+	-1.820（2.126）
基本变量				
年龄	-0.009（0.009）	-0.008（0.009）	-0.005（0.013）	-0.011（0.020）
性别（男）	-0.322（0.186）+	-0.545（0.200）**	-0.102（0.258）	-0.230（0.317）
行政动员				
政治面貌（党员）		1.000（0.206）***	0.742（0.229）**	0.581（0.250）*
社会责任感				
宗教信仰（有）			0.675（0.360）+	0.786（0.417）+
捐款金额			0.001（0.000）*	0.002（0.001）+
志愿服务时长			0.034（0.018）+	0.082（0.039）*
技术分工（相对于建筑施工人员）				
原单位管理职位				-0.646（0.586）
团队管理者				-0.649（1.022）
医护人员				-0.181（0.641）
武警				0.116（0.544）
保洁人员				0.146（0.433）
青年志愿者				-0.774（0.850）
贝叶斯信息准则	395.8	375.2	372.7	401.9

注：显著性水平标记：*** 代表 $p<0.001$；** 代表 $p<0.01$；* 代表 $p<0.05$；+ 代表 $p<0.1$。括号内为标准误。

在模型Ⅱ中，我们在模型Ⅰ的基础上引入了“政治面貌”变量。结果表明，具有中国共产党党员（含预备党员）身份的团队成员的系数显著高于其他成员，他们与其他成员建立工作联系的概率约为非党员成员的2.72倍（$e^{1} \approx 2.718$），这说明党员在社区疫情防控工作中发挥了先锋模范作用，更主动地承担任务，更积极地与团队成员互动，因此，假设1得到了证明，政治动员为社区的疫情防控注入了强大的活力。

在模型Ⅲ中，我们考察了成员的社会责任感对工作活跃度的影响。结果显示，宗教信仰、捐赠金额和参与志愿服务的时长都与建立工作联系的概率呈正相关，并且具有显著的促进作用；从数值上看，拥有合法宗教信仰的团队成员与其他成员建立起工作联系的概率比没有宗教信仰的成员高出近1倍（$e^{0.675} \approx 1.964$），也就是说在宗教利他主义思想的指引之下，宗教信徒会更积极地为他人服务，在工作互动中也更受欢迎；由于捐赠金额的系数很小，我们不妨将这一变量的单位数量级和系数同时扩大100倍，计算可得捐赠金额每增加100元，那么该成员与团队中的其他人员建立工作关系的概率就提高约10%（$e^{0.001} \approx 1.001$）；在过去的一年中，参与志愿服务的时长每增加一小时，与他人建立联系的概率就增加约3.4%（$e^{0.034} \approx 1.034$）。因此假设2被证实，社会责任感越强，就越容易与其他成员建立工作联系，在团队工作中的活跃度越高，同时也证明了社会责任感在社区防疫中的重要地位。

模型Ⅳ在模型Ⅲ的基础上考察了成员的管理经验和在团队中的分工对工作联系形成的影响，结果显示，在原单位担任管理职务与在团队中和别人建立工作联系之间并没有显著的影响，因此假设3a无法成立，也就是说没有证据表明管理经验会显著提高团队成员在社区防疫中的工作活跃度。对此，一种可能的解释是尽管在原单位担任领导职务可能会有管理和指挥等方面的经验优势，但是在一个紧急组建、分工职业化水平很高的团队中，这一优势并无用武之地，在紧急行动当中不会因为领导干部和一线工作者的区别而在任务安排上产生偏差，正如一位武警小队长表示，“我们和自己的队员（武警）聊得多，但和其他人（其他工种的团队成员）可能就是加个微信，没事也不怎么聊，干活的时候再联系，我也不会命令其他人去干什么”。模型Ⅳ还告诉我们，在团队中的分工对团队成员与他人建立工作联系同样没有显著的影响，对此，也可以用防疫工作的职业化特点来解释，各个工种都有“对口”的工作和独特的工作方法，工作联系很大程度上是由工作需求决定的，而非领导地位或者分工职责决定的。

然而，仅凭模型Ⅳ是无法证伪假设3b，因为模型Ⅳ只是考察了不同的分工对成员在整个团队中与其他成员建立工作联系的概率，无法解释各个技术分工内部的联系形成，而对假设 3b 的证实或证伪也需要我们了解各工种内部联系的形成是否存在差异。为了对此进行考察，我们在模型Ⅳ的基础上加入了对各工种的匹配分析形成了模型Ⅴ，用以计算当两个节点同属于同一个工种（同工身份）的时候，二者之间形成联系的可能性，进而反映同一分工内部的联系建立情况。模型Ⅴ的参数估计结果如表 5 所示。

表 5　模型Ⅴ参数估计结果

变量＼参数	估计值 θ	标准误	Z 值
常数项	−2.490e+00	2.432e+00	−1.024
基本变量			
年龄	−1.350e−02	2.259e−02	−0.598
性别（男）	−2.753e−01	3.712e−01	−0.742
政治动员			
政治面貌（党员）	7.528e−01 **	2.917e−01	2.581
社会责任感			
宗教信仰（有）	1.044e+00 *	4.795e−01	2.178
捐赠金额	2.712e−03 +	1.422e−03	1.907
志愿服务时长	9.708e−02 *	4.510e−02	2.153
技术分工（相对于建筑施工人员）			
原单位管理职位	−7.538e−01	6.557e−01	−1.150
团队管理者	−4.993e−01	1.160e+00	−0.430
医护人员	−6.300e−01	7.717e−01	−0.816
武警	3.771e−01	6.541e−01	0.576
保洁人员	5.144e−02	5.432e−01	0.095
青年志愿者	−1.000e+00	1.001e+00	−1.000
同工身份（两个节点同属一个分工）			
团队管理者	1.491e+01	1.379e+03	0.011
医护人员	3.804e+00 **	1.180e+00	3.225
武警	1.248e+00	1.119e+00	1.116
保洁人员	1.982e+01	1.372e+03	0.014
青年志愿者	2.431e+00 **	9.319e−01	2.609
建筑施工人员	3.761e+00 ***	1.134e+00	3.316
贝叶斯信息准则（BIC）	375.6		

注：显著性水平标记：*** 代表 $p<0.001$；** 代表 $p<0.01$；* 代表 $p<0.05$；+ 代表 $p<0.1$。

在模型Ⅴ中，当我们加入了节点匹配属性之后，就会发现两个成员同属一个工种与二者之间形成联系呈正相关，也就是说各工种内部成员之间更容易建立联系，只是根据工作内容的不同，这种影响的显著水平也有所不同，对于医护人员、建筑施工人员和青年志愿者而言，同工身份对工作关系形成的影响是显著的；而对于团队管理者、武警和保洁人员而言，虽能促进，但不显著。这说明相比于团队管理者、武警和保洁人员，医护人员、建筑施工人员和青年志愿者更容易在自己的分工内部形成工作联系，因此假设 3b 可以在一定程度上被证明成立，尽管从网络全局来看分工并不显著影响工作联系的形成，但在分工内部，联系的建立却存在着较为明显的工种差异。由此假设 3 也得到了证实，成员的工作活跃度会受到技术分工的影响，在医护、建筑和志愿服务等协作性要求较高的工作中，团队成员更容易建立工作联系。

至此，我们已经借助指数随机图模型对 B 社区综合防控团队的工作网络的形成机制有了较为深入的了解。我们发现，性别、年龄等自然特征对工作关系的建立并没有显著影响。在动员因素上，共产党人的先锋模范作用得以充分体现，同时也体现出了中国共产党全面领导下的中国特色社会主义制度在应对疫情等危机事件时的强大动员力和组织力；合法的宗教信仰、丰富的慈善捐赠和志愿服务经历也会显著加强成员之间的联系，这说明利他主义思想指导下的公益精神和实践能够激发人性中的善良和热情，在疫情防控工作中这也是一种可贵的品质。另外，疫情防控成果的取得也离不开多元化的技术协作，尽管以往的管理经验和团队分工不会直接对工作活跃度产生显著影响，但由于特定的工作需求，仍然需要各方面的技术力量共同协作，提高社区防疫的专业化、职业化水平。

（三）问题与不足

在强大的动员力量、强烈的社会责任感和完善的技术分工的支持下，社区防疫工作有序开展，B 社区的疫情很快得以遏制。然而，舆情引导在社区防疫工作的短板，社区内出现了小规模的恐慌和骚动。

不难发现，在这一团队中所有成员都专注于疫情防控的“硬件”措施，但没有和社区居民、居委会建立有效的信息对接机制，导致居民无法得知社区患者流动和治疗状况，只能通过自己的社交途径获取相关信息，而由于信息获取渠道和对信息的信任选择偏好的差异，面对疫情居民不同程度表现出恐慌、不信任等情绪。

五、结论和建议

自2020年新冠肺炎疫情席卷全球，疫情防控成为全人类面临的重大挑战。作为世界上全民生产生活快速恢复的国家，中国在疫情防控方面具备其他国家，尤其是西方资本主义国家所没有的动员、责任和技术优势。

本文以胶东半岛B社区为例，分析了政治动员、社会责任感和技术分工在我国基层社区防疫中的重要作用。有效应对疫情需要牢牢把握住动员、责任和技术这“三大法宝”，这也是中国为世界疫情防控贡献的“中国智慧”。

最后，根据B社区综合防控团队的工作经验与不足，我们对社区防疫工作提出以下几点建议：

第一，注重政治动员力量在危机应对中的作用，尤其应该注重党员的参与。这就需要基层党组织认真开展党员教育工作，切实提高广大党员的服务意识和服务本领，真正发挥“一位党员，一面旗帜”的引领作用。

第二，各单位在日常的工作中可以为员工提供更多的公益活动参与机会，培养员工的社会责任感，积累公益经历，提高参与社区防疫工作的积极性，在发挥自身热情的同时为他人树立榜样。

第三，在基层社区的疫情防控当中，重视舆情引导工作，在保障社区居民生命安全和健康的同时，正确、权威、及时的舆情引导也是维护社区安定和谐的必要举措。这就要求政府和有关部门重视公信力建设，做到信息公开、透明，将居民思想向着积极、健康的方向引导，从而形成应对突发事件的强大合力，维护人民生命健康安全的同时确保社会的稳定和谐。

校园安全

校园安全与极端行为研究

——以美国中小幼校园枪击事件为例

田万方　许　勇　韩自强*

摘　要：极端行为是威胁校园安全的重要因素，在世界各国普遍存在，具有极高的危害性。本文基于美国中小幼校园枪击事件数据库，总结校园极端行为的总体发生趋势、时空分布情况及枪手特征，并对规模性枪击事件的影响因素进行探索性分析。结果显示，美国校园枪击事件总体上呈波动上升趋势，在2018年达到历史最高值（94起），规模性枪击事件则呈现出稳定的低发规律；枪击事件发生频率在时空分布、枪手特征、学校类型、枪支类型等方面存在明显的差异，而从规模上看，是否造成规模性枪击事件仅与枪支类型和枪手人数有关。我国校园安全研究与治理应基于数据库建设，从行为学视角开展分析，并推进校园安全政策的制定与落地。

关键词：校园安全；极端行为；规模性枪击事件；校园枪击事件数据库

一、引言

校园安全是公共安全的一种典型表征和薄弱环节。① 近年来，我国发生在校园

---

* 田万方，中共中央党校（国家行政学院）应急管理培训中心、博士研究生，主要研究领域：应急管理。许勇，山东大学政治学与公共管理学院行政管理专业硕士研究生，主要研究领域：应急管理。韩自强，山东大学政治学与公共管理学院教授、博士生导师，主要研究领域：综合校园安全、风险感知与应急准备、安全韧性城市。

① 张海波、童星：《专栏导语：中国校园安全研究的起步与深化》，载《风险灾害危机研究》2017年第3期。

及其周边的极端事件屡见不鲜。2018 年 4 月 27 日，赵某某在其母校制造“4 · 27 米脂砍杀学生事件”，造成 9 人死亡、12 人受伤①；2020 年 6 月 4 日，广西梧州市苍梧县旺甫中心小学附属幼儿园保安持刀砍伤 39 人②；2021 年 1 月 22 日，王某某在云南师范大学附属实验中学校外持刀砍杀，致 1 人死亡、7 人受伤③……这种无差别攻击的校园极端暴力行为，对校园安全造成极大威胁，甚至具有传染和效仿效应，超越了传统的学校管理范畴，需要引起足够的重视。

类似的极端事件在美国也频繁发生，只是在具体的表现形式上有所差别。由于在美国枪支较为易得，美国校园极端行为最常见的表现形式为校园枪击事件。2013 年至 2017 年，美国 1 岁至 17 岁的儿童和青少年中，平均每天约有 21 人遭遇枪击，其中约有 4 人在枪击事件中丧命。④ 美国作为世界上校园枪击事件发生率最高的国家，尤其是近年频发的规模性校园枪击事件（mass school shooting）引起了美国政界的大辩论和反思。但是，鉴于不少传统的美国人对拥枪权利的痴迷，加上枪支企业和协会等利益集团的游说，禁枪行动进展迟缓。近年来，美国的相关政策和研究重点逐渐转向深挖枪击事件的特征与原因，以及增强校园安保力量应对措施等方面。

由于我国实行严格的枪支管制制度，我国校园极端事件的行凶工具以刀、棍为主。近年来屡屡发生的校园极端事件，引起了相关部门的高度重视，最高人民检察院自 2017 年起将校园欺凌和暴力犯罪数量纳入单独统计范围。⑤ 由于综合校园安全研究和极端行为研究皆是较为前沿的公共安全研究话题，加之威胁我国校园安全的极端事件也频繁发生，基于数据的实证行为学规律研究就显得尤为迫切。尽管我国的政治、社会、文化环境等与美国有较大差异，但危及校园安全的极端事件行为模式具有很大相似性。当前，我国学术界及相关政府部门尚未建立起校园极端事件统计数据库。在这种现实情况下，研究美国校园极端事件，探索这些极端行为的特点以及枪击事件规模的影响要素，可以为进一步加强我国校园安全建设、提升风险防范意识和能力、拓展相关研究领域提供有益启示和经验借鉴。

---

① 资料来源：https：//life. gmw. cn/2018-09/27/content_ 31395286. htm，2021 年 3 月 25 日访问。

② 资料来源：https：//www. guancha. cn/politics/2020_ 06_ 04_ 552927. shtml，2021 年 3 月 25 日访问。

③ 资料来源：https：//www. thepaper. cn/newsDetail_ forward_ 10905646，2021 年 3 月 25 日访问。

④ 资料来源：https：//brady-static. s3. amazonaws. com/Download/5YearGunDeathsInjuriesStats. pdf，2021 年 3 月 25 日访问。

⑤ 资料来源：https：//www. spp. gov. cn/xwfbh/wsfbt/202006/t20200601_ 463698. shtml#1，2021 年 3 月 25 日访问。

二、基本概念与文献综述

（一）基本概念

1. 校园极端行为

校园极端行为是众多校园暴力行为中的一种特殊类型。参考极端行为和恐怖主义行为的定义，本文研究的校园极端行为指的是犯罪嫌疑人出于政治、经济、社会、宗教或纯粹私人泄愤等目的，针对学校师生或家长群体，在校园内及其周边实施的恶意的、无差别（非针对个人）的极端暴力行为。校园极端行为的受害人呈现出无差别性，比较难以预防；行为方式呈现出极端暴力性，常带来重大伤亡；行为实施者常常妄图借事件造成广泛的社会影响，以表达或实现其政治、经济、社会、宗教或心理等诉求。

2. 规模性校园枪击事件

校园枪击事件是指以枪支为作案工具在校园内及学校周边或校车等教育设施上实施的暴力侵害行为。[①] 规模性枪击事件（mass shooting）的界定方式在计算范围、受伤程度、死伤人数、枪手动机等方面存在差异。斯坦福大学地理空间中心（Stanford Geospatial Center）等研究机构将死伤者人数在 3 人及以上（不含枪手），且与帮派、毒品或有组织犯罪无关的枪击事件界定为规模性枪击事件。[②] 美国联邦调查局（Federal Bureau of Investigation）和枪支暴力档案（Gun Violence Archive）等机构则将死伤者人数在 4 人及以上（不含枪手）的枪击事件定义为规模性枪击事件。[③] 此外，美国枪击事件跟踪器（Mass Shooting Tracker）等数据库则把枪手也纳入计算范围，将事件总死伤人数在 4 人及以上的枪击事件界定为规模性枪击事件。[④] 出于样本量考虑，本文采纳斯坦福大学计算标准，将死伤者人数为 3 人及以上（不含枪手）的枪击事件界定为规模性枪击事件。

---

① 资料来源：https：//en. wikipedia. org/wiki/School_ shooting，2021 年 3 月 25 日访问。

② 资料来源：https：//library. stanford. edu/projects/mass-shootings-america，2021 年 3 月 25 日访问。

③ 资料来源：https：//www. rand. org/research/gun-policy/analysis/essays/mass-shootings. html，2021 年 3 月 25 日访问。

④ 资料来源：https：//massshootingtracker. site/，2021 年 3 月 25 日访问。

（二）文献综述

1. 我国校园安全与极端行为研究进程

校园安全的涉及范围广且内容众多，主要包括自然安全事件、设施安全事件、公共卫生与食品安全事件、校园欺凌事件、环境污染事件、意外伤害事件、校园暴力事件以及个体健康事件八大类。[①] 近年来，在中国应急管理学会校园安全专委会、中国教育学会中小学安全教育与安全管理专委会、中国教育发展战略学会安全教育专委会等研究机构的共同努力下，综合校园安全研究开始逐渐引起国内学者的关注。自 2016 年开始，中国应急管理学会校园安全专委会每年发布《中国应急教育与校园安全发展报告》，该系列报告专注于洞察应急教育与校园安全规律，极大地推动了校园安全相关领域的研究进展。

目前，我国校园安全研究聚焦于校园欺凌和校园暴力等问题，尚未使用极端行为的概念和视角。一些关于校园安全的讨论多从立法角度，剖析我国校园安全治理的制度缺陷[②]；也有研究从司法角度，分析我国现有刑罚对于校园极端事件的处罚机制[③]；或者从公共政策角度，剖析校园极端事件的集中爆发如何进入政策议程[④]；另有学者使用比较研究方法，选取中美同时期校园暴力案例进行对比，并提出可供借鉴的经验。[⑤] 在梳理以上研究成果的基础上，本文认为我国校园安全研究应走出校园安全的局限，从更加广泛的公共安全视角，关注校园极端行为的模式与成因，以期科学有效地开展防范工作和专题研究。

2. 美国校园安全与极端行为研究进程

美国校园极端行为主要以校园枪击事件为主。由于校园枪击事件自身的破坏性及其恶劣的社会影响，往往会超越枪击事件本身，在美国社会引发一系列关于枪支暴力（gun violence）、零容忍政策（zero tolerance policies）、拥枪权（gun rights）和控枪（gun control）的政治辩论。总体而言，目前有关校园安全，特别是校园枪击

① 高山主编：《中国应急教育与校园安全发展报告 2016》，科学出版社 2016 年版，第 2 页。

② 杨文杰、范国睿：《美国中小学校园安全治理审思》，载《全球教育展望》2019 年第 8 期。

③ 赵运锋：《校园安全、刑法作用与应对机制——以校园弑童案为分析样本》，载《青少年犯罪问题》2013 年第 3 期。

④ 赵德余：《政策共同体、政策响应与政策工具的选择性使用——中国校园公共安全事件的经验》，载《公共行政评论》2012 年第 3 期。

⑤ 靳高风、李易尚：《中美校园暴力袭击犯罪比较研究——基于 94 起典型案件的调查分析》，载《中国人民公安大学学报（社会科学版）》2017 年第 6 期。

事件防控政策的讨论和研究主要聚焦在三个方面：（1）枪支管理法律与政策；（2）校园安全评估理论与实践；（3）校园枪击事件综合研究。

（1）枪支管理法律与政策。二战以来，著名的枪击事件和利益集团博弈持续推进美国枪支管理的政策进程。1934 年颁布的《国家枪支法》(National Firearms Act) 主要对特定枪支如机枪（machine guns）、霰弹枪（sawed-off shotguns）以及消音器 (silencers) 的使用施加限制。在枪支交易日益普遍的情况下，1938 年颁布的《联邦枪支法》(Federal Firearms Act) 对枪支弹药的跨州运输、枪支经销商和制造商进行规范，并建立枪支信息记录制度，以便进行枪支管理。1963 年约翰 · 肯尼迪遇刺案以及 1968 年马丁 · 路德 · 金遇刺事件，推动了 1968 年《枪支管制法》（Gun Control Act of 1968）的颁布，该法基本取代了 1938 年的《联邦枪支法》，对枪支弹药的销售和运输施加了新的限制，并加强了对持枪人犯罪背景的审查。然而，《枪支管制法》于 1986 年被《枪支所有者保护法》（Firearm Owners Protection Act of 1986）削弱，整体上放松了枪支管制。1981 年，里根总统及其新闻秘书詹姆斯 · 布雷迪中枪受伤，由于枪手为精神病人，这一情况直接推动了 1993 年《布雷迪枪支暴力预防法》(Brandy Handgun Violence Prevention Act) 的颁布，该法对枪支购买背景审查中的精神审查作了特别的规定。① 1994 年颁布的《联邦攻击性武器禁令》(Federal Assault Weapons Ban) 曾一度禁止攻击性武器（assault weapons）和大容量弹匣（large-capacity magazines）在公共场所的使用，在该禁令有效期内 (1994—2004 年)，规模性枪击事件死亡人数显著减少。② 随着美国校园枪击事件的频发，特别是伤亡严重的“焦点事件”的发生，美国公众的安全意识有所提升，且在校园控枪法律与政策方面也产生了许多讨论。针对美国中小幼校园安全管理方面，联邦政府出台了“无枪校园”等规定，并得到了大多数州的采纳。同时，各学校也通过调整学校应急预案、建立在校师生安全培训和演习制度等方式提升校园安防能力和应急管理水平。

（2）校园安全评估理论与实践。校园枪击事件同其他类型的枪击事件相比，更具有“零容忍”特征。2002 年美国特勤局（United States Secret Service）联合美国教育部（United States Department of Education）发起了“安全校园倡议”（The Safe School Initiative)，并指出大多数校园枪击事件通常是有预谋的，在枪击事件发生之前，已经有人对此有所察觉。这也表明在做好调查和沟通工作的情况下，校园枪击

① James L. True & Glenn H. Utter, Saying “Yes,” “No,” and “Load Me Up” to Guns in America, *The American Review of Public Administration*, Vol. 32, No. 2, 2002, pp. 216-241.

② Charles Dimaggio et al., Changes in US Mass Shooting Deaths Associated with the 1994-2004 Federal Assault Weapons Ban: Analysis of Open-source Data, *Journal of Trauma and Acute Care Surgery*, Vol. 86, No. 1, 2019, pp. 11-19.

事件是可防可控的。因此，两机构通过对安全校园倡议的总结，发布了《威胁评估指南》（Threat Assessment Guide），以识别潜在的校园危险分子。① 鉴于美国近年多发规模性校园枪击案，美国政府和公众对校园安全的关注与日俱增。2018年，美国总统特朗普在联邦政府层面组织了一个由教育部、司法部、国土安全部、卫生和公众服务部等四部部长共同组成的校园安全委员会，建设校园安全政府专题网站，统筹推进校园安全工作，为地方开展校园安全实践提供相关政策和经验指导。② 但是，需要注意的是，教育部门在美国属于州管辖，甚至是地方学区管辖，因此，美国各地校园安全保障差异巨大。

弗吉尼亚大学研究者和地方实务部门联合开发了一款校园安全评估模型——弗吉尼亚模型（Virginia Model）。该模型具体包括以下几步评估工作：首先，进行威胁评估，判断威胁是暂时性的还是实质性的；之后，对暂时性威胁作出响应，对实质性威胁的严重性作出判断；在此基础上，对严重的实质性威胁作出响应，对特别严重的威胁进行安全评估；最后，实施安全保护计划。③ 通过这种方法，学校及地方政府可以快速解决相对不太严重的、暂时性的威胁，将更多注意力放在更严重的、实质性的威胁上。该模型最先在弗吉尼亚州范围内应用，取得了一定的成效，进而被美国和加拿大的其他一些学校采纳，并在2018年发布了更新版《学校威胁综合评估指南》（Comprehensive School Threat Assessment Guidelines）。④

（3）校园枪击事件综合研究。应急管理和公共安全学者以及政府部门对校园极端事件，特别是校园枪击事件也展开了一系列研究，主要包括研究枪手画像、诱因、时空分布等。通过大数据厘清枪击案发生的时空规律以及潜在枪手的特点，为真正有效预防校园枪击事件积累科学基础。

首先，在枪手画像方面。美国联邦调查局基于18起校园枪击事件的调查发现枪手符合以下特征：男性、白人、中产阶级、孤独、不善社交、抑郁、自恋、沉迷暴力。⑤ 但这种对凶手特征的简单描述引起了美国特勤局（United States Secret Service）的反对，美国特勤局在《安全校园倡议最终报告》（The Final Report and Findings of The Safe School Initiative）中指出，校园枪击事件的罪犯特征各异，不应通过

① Robert A. Fein et al., *Threat Assessment in Schools: A Guide to Managing Threatening Situations and to Creating Safe School Climates*, BiblioGoy, 2004, p. 105.

② 资料来源：https://www.hsdl.org/?abstract&did=819607，2021年3月25日访问。

③ Dewey G. Cornell, Guidelines for Responding to Student Threats of Violence, *Journal of Educational Administration*, Vol. 41, No. 6, 2003, pp. 705-719.

④ 资料来源：https://www.schoolta.com/，2021年3月25日访问。

⑤ 资料来源：https://www.npr.org/sections/ed/2018/02/22/587334597/what-decades-of-covering-school-shootings-has-taught-me，2021年3月25日访问。

划分特征类型来识别犯罪者。尽管他们存在一定共性，但是个体在成长环境、学业情况、纪律情况等方面存在很大差异。从犯罪者在犯罪前的状态来看，有一些犯罪者甚至出现了成绩提升和违纪行为减少的反常现象。① 其次，在枪击事件诱因及枪手行为的影响因素方面。社会学家倾向于将其归咎于外部因素，如同辈压力②、暴力电子游戏③、男子气概认知、校园欺凌、恐同症④等。但是，心理学家倾向于从枪手自身的心理因素进行考虑，认为必要的精神干预或心理治疗对于减少校园枪击案的发生具有重要作用。⑤ 最后，在枪击事件发生空间方面。卡莱桑研究发现，校园枪击事件具有一定的空间集聚特征，各州之间有较大差别，且有半数以上（54.6%）的校园枪击事件发生在中小幼校园中。⑥

在规模性校园枪击事件的研究中，里斯从媒体报道中提炼出政策因素（枪支购买和持枪许可方面立法的缺乏）、人为因素（精神疾病和校园欺凌）和环境因素（枪支在家中的可得性和大容量枪支的可得性），进行规模性校园枪击事件的根本原因分析。⑦ 时间跨度最长的研究是卡西扬尼斯通过对20世纪和21世纪初共35起规模性校园枪击事件的历时性分析，提出增加专项资金、提供学校心理健康服务、制定更加严格的背景审查及攻击性武器管理制度等政策建议。⑧

从校园极端行为本质上看，中美两国面临的校园安全问题存在许多共性，有众多工作方法及政策举措可以借鉴参考。近年来，从极端行为视角开展行为学研究是美国公共安全学界的学术前沿和热点，相关数据积累也比较丰富，因此美国的相关经验可以为我国校园安全建设提供一些有益的借鉴。本研究一方面可加深读者对于美国校园枪击事件的认知，另一方面也可通过分析美国校园枪击事件的特征和规律

---

① Bryan Vossekuil et al., The Final Report and Findings of the Safe School Initiative: Implications for the Prevention of School Attacks in the United States, https://www.ojp.gov/ncjrs/virtual-library/abstracts/final-report-and-findings-safe-school-initiative-implications, visited on 2021-03-25.

② 资料来源：https://eric.ed.gov/?id=EJ822514，2021年3月25日访问。

③ Dave Grossman & Gloria Degaetano, *Stop Teaching Our Kids to Kill: A Call to Action Against TV, Movie and Video Game Violence*, Harmony, 1999.

④ Michael S. Kimmel & Matthew Mahler, Adolescent Masculinity, Homophobia, and Violence: Random School Shootings, 1982-2001, *American Behavioral Scientist*, Vol. 46, No. 10, 2003, pp. 1439-1458.

⑤ Peter Langman, *Why kids kill: Inside the Minds of School Shooters*, St. Martin's Griffin, 2010, pp. 608-609.

⑥ Bindu Kalesan et al., School Shootings During 2013-2015 in the USA, *Injury Prevention*, Vol. 23, No. 5, 2017, pp. 321-327.

⑦ Chris A. Rees et al., Mass School Shootings in the United States: A Novel Root Cause Analysis Using Lay Press Reports, *Clinical Pediatrics*, Vol. 58, No. 13, 2019, pp. 1423-1428.

⑧ Antonis Katsiyannis, Denise K. Whitford & Robin Parks Ennis, Historical Examination of United States Intentional Mass School Shootings in the 20th and 21st Centuries: Implications for Students, Schools, and Society, *Journal of Child and Family Studies*, Vol. 27, No. 8, 2018, pp. 2562-2573.

来协助理解我国校园极端事件，为我国校园安全治理研究提供可借鉴的研究视角和研究方法。

综上，本研究以校园安全为切入点，以美国校园枪击事件为例，对极端行为的特点和影响因素等重点内容展开分析，并对我国校园安全研究和治理提出相关建议。本研究的研究数据来源于美国海军研究生院公布的美国校园枪击事件大型数据库（1970 年至今），通过分析该数据库，拟回答以下三个研究问题：

（1）美国中小幼校园枪击事件具有怎样的特征？

（2）美国中小幼校园规模性枪击事件的影响因素有哪些？

（3）美国校园极端行为对中国的校园安全管理有何启示？

三、数据来源与变量描述

（一）数据来源

本次研究使用的数据来源于美国中小幼校园枪击事件数据库（K-12 School Shooting Database，K12 SSDB）①。该数据库由美国海军研究生院国土防务安全中心（Naval Postgraduate School Center for Homeland Defense and Security）依托“高级思想项目”（Advanced Thinking Program）建设而成，数据跨度长（1970 年至今），数据信息较为全面。

根据研究所需，本文从该数据库中提取了若干变量，数据提取周期为 1970 年 1 月 5 日至 2019 年 1 月 23 日，共计 1348 条记录。剔除原始数据中缺失值较多的样本以及数据统计不规范的样本，最终使用了 1233 条记录。

（二）变量描述

表 1 对研究中使用的主要变量进行了描述性统计。在 1126 起记录性别信息的校园枪击事件中，有 1069 起作案者为男性，是女性作案者的近 19 倍；在 318 起有人种信息的记录中，枪手主要为黑色人种和白色人种，且人数相近，极少数枪手为黄色人种；在枪手年龄记录中，主要集中在 16 岁至 18 岁。同时，枪击事件较多为个体策划和实施的“独狼”行动。从枪击事件的发生地点来看，高中是校园枪击事件高发地，是其他类型学校枪击事件数量的五倍左右；在枪支选择上，枪手多选择

---

① 资料来源：https：//www. chds. us/c/k12-school-shooting-database/，2021 年 3 月 25 日访问。

使用手枪作案；在发生时间方面，枪击事件多发生在周一至周五；在枪击事件规模方面，以死伤者人数在三人以下的非规模性枪击事件为主，占 90.51%。

表 1　主要变量情况

变量名	变量描述	频数	有效比例（%）
枪手性别	女 =0	57	5.06
	男 =1	1069	94.94
枪手人种	黑色人种	157	49.37
	白色人种	154	48.43
	黄色人种	7	2.2
枪手年龄	<16 岁 =1	294	33.41
	16—18 岁 =2	383	43.52
	>18 岁 =3	203	23.07
枪手人数	1 人 =0	1068	94.01
	≥2 人 =1	68	5.99
学校类型	小学及以下 =1	172	14.02
	初中 =2	179	14.59
	高中 =3	876	71.39
枪支类型	手枪 =1	868	88.48
	步枪 =2	69	7.03
	猎枪 =3	44	4.49
是否工作日	工作日 =1（周一至周五）	1169	94.81
	非工作日 =0（周末）	64	5.19
枪击发生时间	夜间（18 时—6 时）=1	164	19.71
	上午（7 时—12 时）=2	416	50
	下午（13 时—17 时）=3	252	30.29
枪击规模	规模性 =1	117	9.49
	非规模性 =0	1116	90.51

注：枪击规模由死伤者人数计算而来，如果死伤者人数（不包含枪手）≥3，则为规模性枪击事件，否则为非规模性枪击事件。

1. 总体趋势

1970 年至今，美国共计发生了上千起校园枪击事件。总体来看，美国中小幼校园枪击事件呈现波动上升的趋势（见图 1），经历了 2006 年 59 起枪击事件的次高峰后，校园枪击事件发生次数在 2018 年达到历史最高值（95 起）。其中，较为典型的有：1999 年 4 月 20 日发生在科罗拉多州科伦拜恩高中（Columbine High School）的枪击事件致使 13 人当场身亡，超过 20 人受伤，是美国最血腥的规模性校园枪击事件之一。[①] 2012 年 12 月 14 日康涅狄格州的桑迪胡克小学（Sandy Hook Elementary

① 资料来源：https：//www.britannica.com/event/Columbine-High-School-shootings，2021 年 3 月 25 日访问。

School）枪击案中，枪手闯入教室开枪，导致26人当场死亡，刷新了美国校园枪击事件的伤亡纪录。① 2018 年 2 月发生在佛罗里达州道格拉斯高中（Douglas High School）的枪击事件造成了 17 死 14 伤的后果。

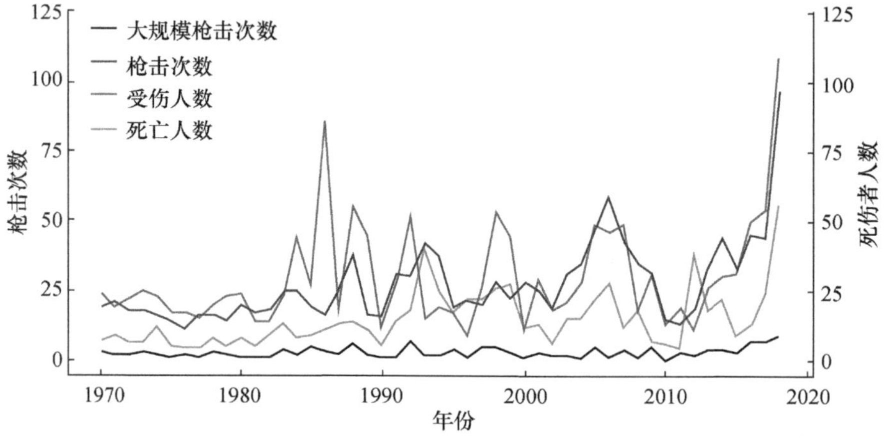

图 1　美国中小幼校园枪击事件时序变化图

2. 特征分析

（1）枪手年龄分析。从整体来看，枪手年龄分布呈现出严重的右偏形态，即偏向于低龄化。

枪手的平均年龄为 19.4 岁，年龄中位数为 17 岁。其中，年龄最小的枪手只有 5 岁，在这起事件中，这名枪手将手枪装进背包带至学校，并在食堂意外走火。② 枪手年龄为六岁的两起事件也均被定义为“无犯罪意图”③。由此可知：枪支的可得性是低年龄段枪手犯罪的重要影响因素，在非主观故意的情况下，监护人对枪支的不合理放置将会增加枪击事件发生的可能。同时在校园枪击事件中，大多数枪支是枪手通过隐蔽携带的方式带至校园的，这也反映了学校在安全教育和入校检查方面存在一定疏漏。

在中小幼校园枪击事件中，枪手年龄主要集中在 12 岁至 21 岁；其中，14 岁至 18 岁是未成年枪手的“重灾年龄”，此年龄段枪手共 592 人，占据“十大危险年龄”枪手总人数的八成以上。因此，处于青春期学生是校园极端行为的重点关注人群，要及时关注其心理健康状态，避免因情绪波动做出极端行为。

① 资料来源：https：//www. britannica. com/event/Newtown-shootings-of-2012，2021 年 3 月 25 日访问。

② 资料来源：https：//www. wmcactionnews5. com/story/23229636/5-year-old-fires-gun-in-school-cafeteria/，2021 年 3 月 25 日访问。

③ 资料来源：http：//content. time. com/time/magazine/article/0,9171,40342,00. html，2021 年 3 月 25 日访问。

(2) 枪击事件时间分布分析。基于校园枪击事件发生的日期和具体时间点，本文计算了特定时段枪击事件发生总次数，据此绘制了热力分布图（见图2）。从图2可以看出，周一至周五的上午7时至下午5时和晚上8时都是枪击事件的高发时段。此外，枪击事件发生次数在周五的21时和22时达到次高峰。

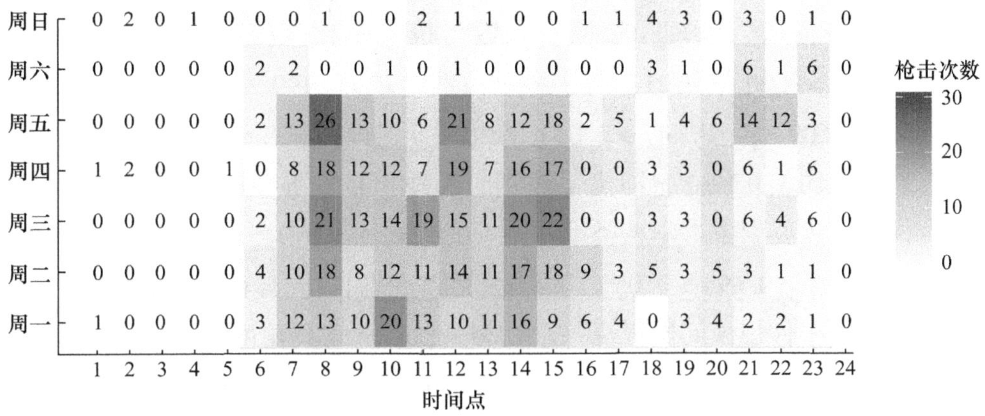

图2 枪击事件发生时间热力图

(3) 枪击事件空间分布分析。校园枪击事件的分布存在较为明显的空间集聚特征。五大湖区、环墨西哥湾以及佛罗里达半岛是校园枪击事件的高发地区，而新英格兰地区、中西部和北部地区校园枪击事件较少。枪击事件发生频率在各州之间也存在巨大差别，加利福尼亚州和得克萨斯州校园枪击事件最频繁，相较而言，北达科他州、爱达荷州、佛蒙特州、夏威夷州等地的校园枪击事件则较少。从伤亡情况上看，加利福尼亚州和得克萨斯州由于较大的枪击事件总量，伤亡情况也最为严重。除此之外，佛罗里达州、密歇根州、伊利诺伊州也有较大的伤亡，爱达荷州和佐治亚州在统计中没有伤亡。

由以上分析可知，枪击事件的发生频率在枪手个人特征、时间和空间上，均具有明显差异。已有研究发现步枪或猎枪相较于其他类型枪支会造成更多的死亡，年龄在20岁及以上的枪手更容易制造致命的枪击事件。[①] 下文将进一步探索枪击事件规模与枪手特征、枪击事件发生时间和空间特征等方面的相关关系。

---

① Melvin D. Livingston, Matthew E. Rossheim & Kelli Stidham Hall, A Descriptive Analysis of School and School Shooter Characteristics and the Severity of School Shootings in the United States, 1999-2018, *Journal of Adolescent Health*, Vol. 64, No. 6, 2019, pp. 797-799.

四、校园枪击事件规模的影响因素分析

（一）卡方独立性检验

分析枪手特征可以发现，除枪手人数与枪击事件规模间存在较强的相关性（$x^2=29.084$，$p=0.000<0.01$）外，枪手性别（$x^2=0.199$，$p=0.655>0.05$）、枪手人种（$x^2=1.609$，$p=0.447>0.05$）和枪手年龄（$x^2=1.819$，$p=0.403>0.05$）与枪击事件规模均相互独立，即枪手性别、人种和年龄不会影响枪击事件的规模。在枪击事件的场景要素中，学校类型（$x^2=0.113$，$p=0.945>0.05$）、枪击发生时间（$x^2=0.730$，$p=0.694>0.05$）、枪击发生是否在工作日（$x^2=0.035$，$p=0.852>0.05$）与枪击事件规模间同样也不存在相关性。从工具角度看，枪支类型与枪击事件规模间存在较强的相关性（$x^2=14.811$，$p=0.0006<0.001$），表明枪击事件规模会受到枪支类型的影响。

表 2　规模性枪击事件与非规模性枪击事件的卡方检验

影响因素		规模性	非规模性	x^2 值	p 值
枪手性别	男	104	965	0.199	0.655
	女	4	53		
枪手人种	白色人种	28	126	1.609	0.447
	黑色人种	26	131		
	黄色人种	0	7		
枪手年龄	<16 岁	31	263	1.8192	0.403
	16—18 岁	29	354		
	>18 岁	18	185		
枪手人数	1 人	88	980	26.821	0.000***
	2 人及以上	19	49		
学校类型	小学及以下	16	156	0.113	0.945
	初中	16	163		
	高中	85	791		
枪支类型	手枪	71	797	14.811	0.001***
	步枪	15	54		
	猎枪	6	38		
是否工作日	工作日	110	1059	0.0350	0.852
	非工作日	7	57		

（续表）

影响因素		规模性	非规模性	x^2 值	p 值
枪击时间	夜间	17	147	0.7295	0.694
	上午	38	378		
	下午	20	232		

注：* 表示 $p<0.05$，** 表示 $p<0.01$，*** 表示 $p<0.001$。

（二）二元 Logistic 回归

由前文卡方检验可知，枪击事件规模与枪支类型和枪手人数有关，为进一步确定不同因素对于枪击事件规模产生影响的相对重要性，以枪击事件规模这一二分类变量为因变量，枪手性别、人数等变量为自变量，运用 Stata15 软件构建二元 Logistic 回归模型。由于自变量枪手年龄、枪支类型、学校类型和枪击发生时间等均设置为多分类变量，为了更直观地反映出这些自变量对于因变量的影响，提高模型精度和准确率，将其转化为哑变量后放入回归模型。

由表 3 的回归结果可知，该模型整体显著，模型成立。具体来看，枪手人数对枪击事件规模有显著的正向影响，即从单个个体的独狼行动转换为团伙行动时，发生规模性枪击事件的可能性将会提升 533%（OR = 6.331，95% CI：1.426—28.101）。作案时使用的枪支类型也会显著影响枪击事件的规模，使用步枪造成规模性枪击事件的可能性是使用手枪造成规模性枪击事件的 4.35 倍（OR = 4.348，95% CI：1.857—10.183）。

表 3　枪击事件规模的 Logistic 回归结果

自变量		优势比（OR）	标准误	t 值	P 值	95%置信区间（CI）	
						下限	上限
枪手性别		0.584	0.340	−0.92	0.356	0.186	1.831
枪手年龄	16—18 岁	0.551	0.208	−1.58	0.114	0.263	1.153
	18 岁以上	0.538	0.242	−1.38	0.168	0.223	1.299
单/多枪手		6.331	4.814	2.43	0.015**	1.426	28.101
枪支类型	步枪	4.348	1.888	3.39	0.001***	1.857	10.183
	猎枪	1.150	0.900	0.18	0.858	0.248	5.335
学校类型	初中	0.472	0.267	−1.33	0.185	0.155	1.433
	高中	0.620	0.267	−1.11	0.266	0.267	1.440
是否工作日		1.811	1.964	0.55	0.584	0.216	15.180

（续表）

自变量		优势比（OR）	标准误	t 值	P 值	95%置信区间（CI）	
						下限	上限
枪击时间	上午	0. 795	0. 398	−0. 46	0. 647	0. 298	2. 123
	下午	0. 640	0. 349	−0. 82	0. 413	0. 220	1. 863
常量		0. 209	0. 259	−1. 26	0. 207	0. 018	2. 375
Prob > chi2		0. 050	Pseudo R^2			0. 061	
Chi-squared		19. 679	N			544	

五、结论与讨论

（一）结论

本文通过对美国 1970 年 1 月 5 日至 2019 年 1 月 23 日发生的 1233 次校园枪击事件的深入分析，描绘了枪手情况、校园枪击事件的时空分布，以及规模性枪击事件与非规模性枪击事件的差异。从空间分布上看，美国校园枪击事件在不同地区间存在较大差异，加利福尼亚州、得克萨斯州和五大湖地区是高发地区。从时间分布上看，校园枪击事件集中发生在工作日（周一至周五）的学生在校时间段，次高峰集中在晚上 7 时至 11 时。枪手多为 14 岁至 18 岁的青年男性。尽管描述性统计显示发生在高中的校园枪击事件要远远多于其他类型学校，且使用手枪作案的独狼行动较多，但从枪击事件的规模考虑，卡方检验结果显示，是否造成规模性枪击事件主要与枪支类型和枪手人数有关。同时，进行二元 logistic 回归得出结论：同手枪相比，使用步枪作案更容易造成规模性枪击事件；枪手人数对枪击事件规模有显著的正向影响。

（二）讨论

1. 基于数据视角开展校园安全研究

从学科研究方法角度而言，通过对美国中小幼校园枪击事件数据库分析，我们发现校园枪击事件在时空分布、枪手特点等方面呈现一定的规律性。这也启示我们在开展我国校园安全研究时，应该突破传统案例研究、调查研究等方式，建立校园安全事件或其他极端行为事件数据库，通过大量案例的综合分析总结出普遍规律。

同时，发现并掌握基于大数据和实证经验的行为规律，最终可为校园安全事件和极端行为事件防范提供科学支撑。通过尽量全面地获取公开的校园安全事件或其他极端行为事件案例，基于相关理论构建编码表，实现大量案例的结构化。通过建立我国校园极端行为数据库、校园安全政策数据库等，为校园安全或其他极端行为研究提供基础性的数据支撑。

2. 从行为学角度重点关注极端行为特征

校园安全应该跳出“校园”范畴，引入公共安全和应急管理的视角，从行为学角度重点关注极端行为及其成因。尽管中美校园极端事件在外在表现形式等方面存在差异，但是其行为学本质有着很强的共通性，需要深入探究，为加强校园安全治理提供更有针对性、实践性的决策依据。回归分析结果显示，没有充分证据可以证明枪手个人特征、高危时点、学校类型会对枪击事件的规模产生影响，规模性枪击事件的发生仅与枪手人数和枪支类别有关。因此，在校园安全建设中，定期对学校师生开展安全教育、关注青春期学生心理健康状态等措施仅可视为校园极端行为防范的基本措施，更重要的是要加强校园安保建设，增加校园警力投入，可借鉴美国“无枪校园”等规定，从立法层面杜绝刀具等凶器在校园及其周边范围出现，规范刀具售卖管理和登记制度。从危机预防角度着手，防范校园极端行为的发生。

3. 推动校园安全政策议程设定和政策落地

从议程设置的角度来看，公共政策研究中常强调“焦点事件”对公共政策议程设定会产生一定的影响①，但是政策最终能否得以制定又是多方博弈的结果。文中所述三起造成死伤人数最多的规模性枪击事件都引起了美国公众和政策制定者的关注，并推动了部分的控枪政策或者校园安全管理政策的改进。1999 年发生的科伦拜恩高中校园枪击事件引起了美国社会的道德恐慌，人们开始正视暴力电影、电子游戏对青少年的影响；另外，由于枪手在校内顺利布置了大量爆炸物而未被觉察，学校开始增加校内监控设备的数量。次年，联邦和各州立法机构出台了关于对枪支加配安全锁的规定②；在 2012 年桑迪胡克校园枪击事件之后，美国联邦议员曾试图提出《攻击性武器禁令》（Assault Weapons Ban of 2013）和背景审查的相关法律，但均未通过审议，最终这一禁令在桑迪胡克小学所在的康涅狄格州得以通过③；2018

---

① 资料来源：https：//doi. org/10. 1093/acrefore/9780199389407. 013. 75，2021 年 3 月 25 日访问。

② 资料来源：https：//abcnews. go. com/US/20-years-columbine-changed-school-shootings-america/story? id =62248885，2021 年 3 月 25 日访问。

③ 资料来源：https：//www. congress. gov/bill/113th-congress/senate-bill/150，2021 年 3 月 25 日访问。

年道格拉斯高中枪击事件发生后，佛罗里达州通过了以该校名称命名的《道格拉斯高中公共安全法》（Marjory Stoneman Douglas High School Public Safety Act），将购枪年龄从18岁提高至21岁，进一步加强精神审查，并扩大了执法人员的权力范围。[①]但从美国的枪支文化和现状来看，相关防控政策的制定和完善必然是一个循序渐进的过程。2017年皮尤研究中心（Pew Research Center）调查显示，全美30%的成年人拥有自己的枪支，其中66%的人拥有一把以上枪支，29%的人拥有四把以上枪支；在拥枪人群中，72%拥有手枪、62%的人拥有步枪、54%的人拥有猎枪。[②]这种历史悠久且根深蒂固的持枪文化和错综复杂的利益纠葛，使得美国校园安全政策难以有根本性的改变，只是间断又持续的小修小补。在中国情境下，在重大校园极端事件发生之后，一方面，应及时开展相关专题研究，对事件特征和应对情况进行反思总结，为政策改进奠定理论基础；另一方面，由于校园极端行为影响恶劣且涉及多个政府职能部门，需要教育、公安、司法、卫健、应急、妇幼等多部门协同共治。只有这样，才能推动公共安全政策落地，逐步补齐校园安全管理短板，从根本上防范化解极端行为，为维护校园及社会公共安全提供法治依据和制度保障。

公共安全感是平安中国建设的题中应有之义。在推动更高水平的平安中国建设中，应当立足总体国家安全观，综合多主体力量、关注风险防范、准备、应急响应和事后恢复全过程，及时进行政策优化和治理改进，开展协同治理和精准治理，以切实维护公共安全，建设平安校园。

---

① 资料来源：https：//www. fastcompany. com/90306582/heres-a-list-of-gun-control-laws-passed-since-the-parkland-shooting，2021年3月25日访问。

② 资料来源：https：//www. pewsocialtrends. org/2017/06/22/americas-complex-relationship-with-guns/，2021年3月25日访问。

校园欺凌类议题研究概述

——基于 CNKI 数据库的统计分析

王　锋　吴　茜*

摘　要：校园欺凌事件频发引起了学术界对校园欺凌事件的关注。全面了解我国学术界对校园欺凌事件类问题的分析研究现状，有助于发现已有研究的特征和不足，促进该类议题研究的进一步发展。本文以中国知网 CNKI 数据库的统计数据和已收录文献为研究样本，对我国校园欺凌类议题的分析和研究概况进行了较为全面的解析，同时对已有的研究内容进行简要述评，指出已有研究的主要观点及其不足之处，并对我国校园欺凌类议题研究进行简要总结。

关键词：校园欺凌；文献综述；CNKI 数据库；计量可视化分析

一、引言

我国新修订的《中华人民共和国未成年人保护法》将校园欺凌行为纳入法律管控范围，但一些有关“校园欺凌”事件的新闻媒体报道仍频频发生，这是因为校园欺凌行为具有长期性、反复性、隐蔽性等特点，很难得到根治。一方面校园欺凌事件是一个长期存在且亟待解决的社会现实问题，另一方面由于其本身的复杂性，治理难度也不容小觑，吸引了大量的专家、学者对此进行研究。因此，全面了解我国校园欺凌类议题研究现状，对于该类议题研究的理论优化和实践研究具有一定的指导意义。

---

* 王锋，湖州师范学院经济管理学院教授，主要研究领域：应急管理与风险治理、公共政策与地方治理、行政伦理。吴茜，湖州师范学院教师教育学院硕士研究生，主要研究领域：教育管理、教育政策。

二、校园欺凌类研究文献的总体概述

以“校园欺凌”为关键词在中国知网 CNKI 数据库中进行检索，其检索结果显示，从 2002 年 1 月到 2022 年 1 月间，共有相关文献 4320 篇。此类文献数量之多，足以证明校园欺凌类议题在国内学术界中关注度之高，被研究和探讨的范围之广。人工分析梳理如此大量的文献难免会有遗漏和疏忽且难度较大，本文利用中国知网 CNKI 数据库中的计量可视化分析功能对中国知网的校园欺凌类议题研究的总体概况进行数据分析，以便更清晰地呈现我国校园欺凌类相关研究的现状。计量可视化分析主要从以下几个方面进行：文献的资源分布、文献的学科分布、主要关键词、文献来源、学术关注度、媒体关注度、学术传播、用户关注度、机构分布和研究进展。

1. 文献的资源分布

从现有文献的资源分布看，发表在期刊上的文献数量最多，在 4320 篇文献中，特色期刊共有 1837 篇，占总文献数量的 42.52%；学术期刊共有 1619 篇，占总文献数量的 37.48%；学位论文共有 660 篇，占总文献数量的 15.28%；国内国际会议共有 109 篇，占总文献数量的 2.52%；报纸类共有 61 篇，占总文献数量的 1.41%；学术辑刊共有 33 篇，占总文献数量的 0.76%；相关图书专著仅有 1 本，占总文献数量的 0.02%（见图 1）。从以上分析结果可见，期刊论文是学者发表研究成果的

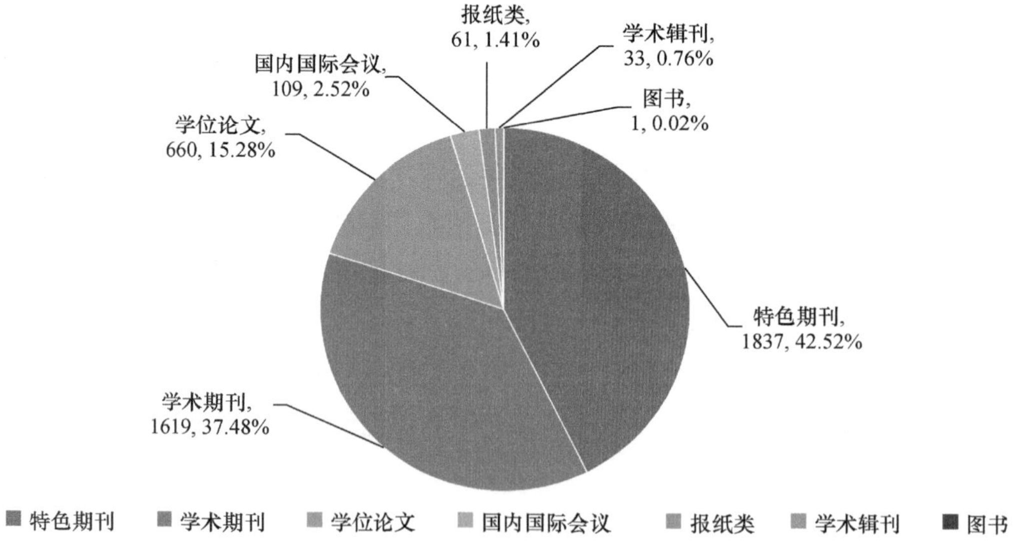

图 1　文献资源分布图

主要途径，但随着学者们研究的维度越来越广，校园欺凌话题的关注度也越来越高，并且成为一个国际性的话题在国内国际会议上引起热议。由此不难预见，校园欺凌类议题研究成果的发表方式也会越来越多样化，此类论文的数量也会不断攀升。

2. 文献的学科分布

文献的学科分布指标主要是分析检索词“校园欺凌”在不同学科的分布情况。从涉及的学科分布上看，我国校园欺凌的研究呈现多领域多学科的研究特点，甚至是跨学科研究，研究门类丰富多样。主要分布在以下几个学科领域：中等教育、教育理论与教育管理、初等教育、行政法及地方法制、中国政治与国际政治、社会学及统计学、民商法、职业教育、心理学、成人教育与特殊教育等。其中，中等教育学科文献共有 1565 篇，占总文献数量的 35. 67%；教育理论与教育管理学科文献共有 1241 篇，占总文献数量的 28. 29%；初等教育学科文献共有 325 篇，占总文献数量的 7. 41%；行政法及地方法制学科文献共有 227 篇，占总文献数量的 6. 31%；中国政治与国际政治学科文献共有 242 篇，占总文献数量的 5. 52%；社会及统计学学科文献共有 216 篇，占总文献数量的 4. 92%；民商法学科文献共有 172 篇，占总文献数量的 3. 92%；职业教育学科文献共有 132 篇，占总文献数量的 3. 01%；心理学学科文献共有 118 篇，占总文献数量的 2. 69%；成人教育与特殊教育学科文献共有 99 篇，占总文献数量的 2. 26%（见图 2）。

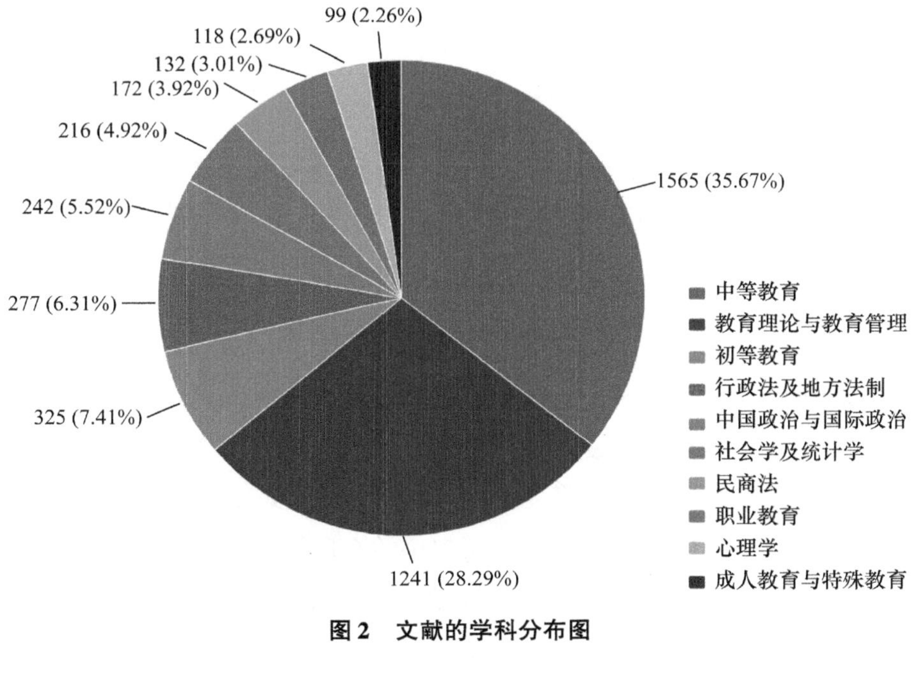

图 2 文献的学科分布图

3. 主要关键词

主要关键词一般体现文献的研究重点、研究对象和研究视角。在 4320 篇文献中，出现频次排名前 20 位的主要关键词依次是：校园欺凌（1858 次）；欺凌发生机制（131 次）；校园暴力（126 次）；对策（113 次）；初中生（103 次）；青少年(98 次)；中小学（86 次）；中学生（76 次）；成因（70 次）；欺凌（出现频次 67 次）；网络欺凌（65 次）；预防（60 次）；学生（56 次）；治理（56 次）；未成年人(55 次)；欺凌者（50 次）；暴力（49 次）；中小学生（46 次）；原因（45 次）；小学生（44 次）（见图 3）。显而易见，我国校园欺凌类议题研究重点是校园欺凌、校园暴力、网络欺凌等行为的发生机制，且多以青少年学生为研究对象，其研究视角则侧重于对策、成因、预防、治理以及发生原因等多重维度的研究。

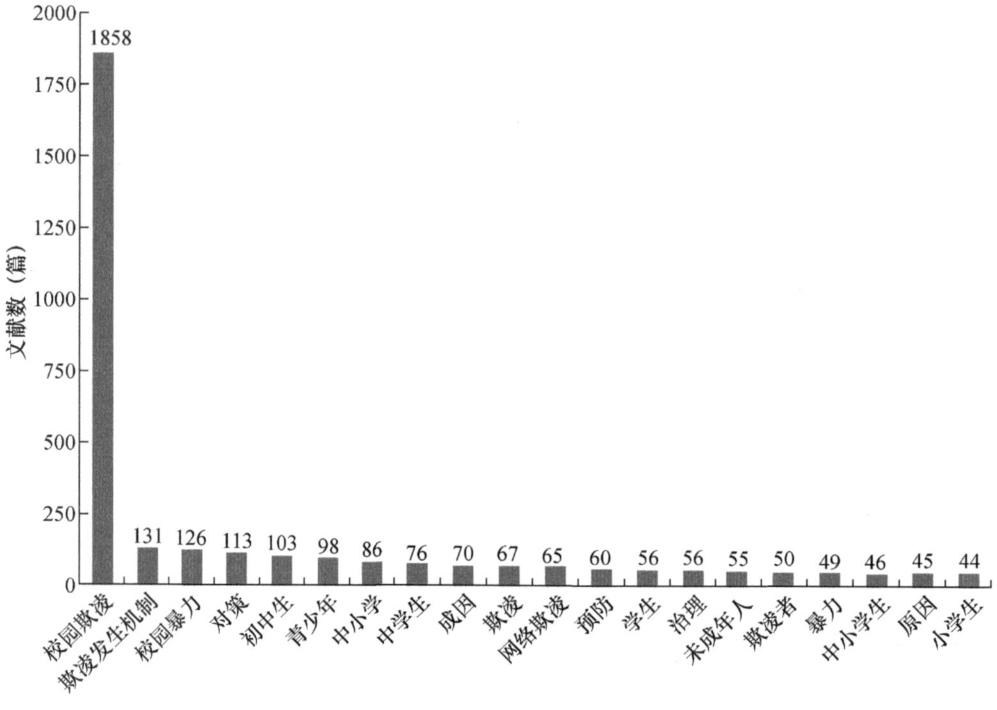

图 3　校园欺凌主题关键词示意图

4. 文献来源

文献来源主要是文献公开发表的出版物的载体，包括：学术期刊、硕博论文、国际国内会议、报纸和学术辑刊等。中国知网 CNKI 数据库中分析的文献具体来源前 20 位分别为：《平安校园》（66 篇）；《中小学心理健康教育》（65 篇）；《法制博览》（59 篇）；《甘肃教育》（59 篇）；《法制与社会》（54 篇）；《教书育人》（43 篇）；《中国学校卫生》（41 篇）；《江苏教育》（40 篇）；《教育科学研究》（35

篇）；《教育家》（33 篇）；《广西教育》（33 篇）；《中学政治教学参考》（32 篇）；《课程教育研究》（30 篇）；《教学与管理》（30 篇）；《教育》（29 篇）；《现代中小学教育》（29 篇）；《福建教育》（28 篇）；《上海教育》（28 篇）；《青少年犯罪问题》（27 篇）；《河北教育（德育版）》（26 篇）。从中可以看出，教育类期刊对校园欺凌类议题关注度较高，也更愿意收录此类文章，这可能是因为校园欺凌类议题与学校教育紧密相关。

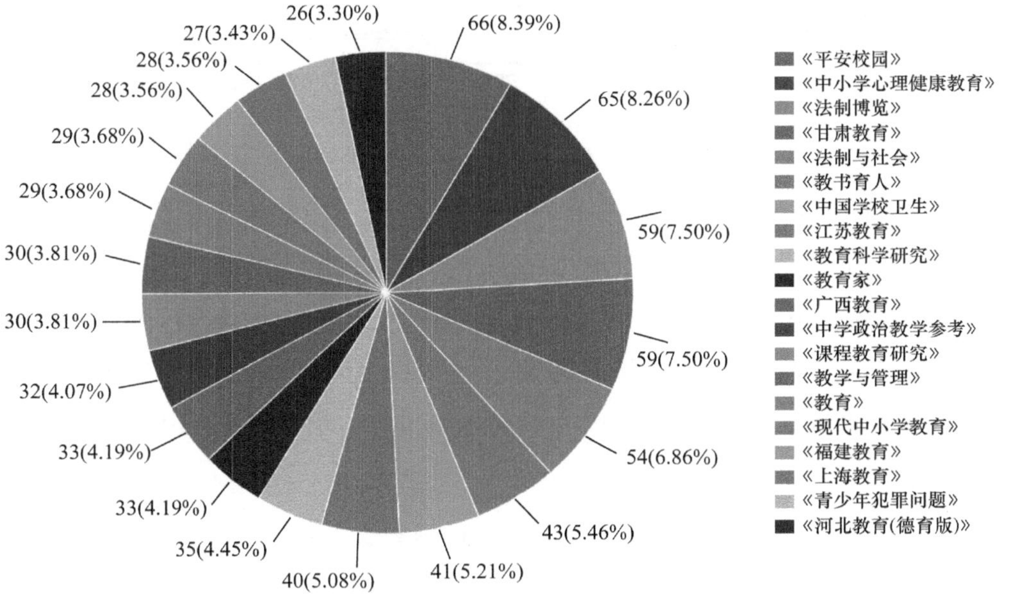

图 4　文献来源示意图

5. 学术关注度

学术关注度是衡量某一主题被学术界关注的程度，具体指向包含某关键词的文献发文量的趋势统计。在中国知网 CNKI 数据库中，从 2011 年到 2021 年，校园欺凌主题的中文文献总数量为 1590 篇，其中 2011 年仅 1 篇，2012 年为 2 篇，2013 年为 7 篇，2014 年为 1 篇，2015 年为 17 篇，2016 年为 106 篇，2017 年为 329 篇，2018 年为 326 篇，2019 年为 310 篇，2020 年为 272 篇，2021 年为 219 篇。分析结果可见，从 2016 年开始年发表量有所突破，2017 年发表量为 329 篇，是 2011 年的 300 多倍（见图 5）。中国知网 CNKI 数据库收录的外文文献较少，从 2011 年到 2021 年，校园欺凌主题的外文文献环比增长率远远小于中文文献的增长率。

6. 媒体关注度

媒体关注度指标主要体现某主题受媒体的关注程度，即包含某关键词的报纸文献发文量的趋势统计。据中国知网 CNKI 数据库中“媒体关注度”指标的统计数据

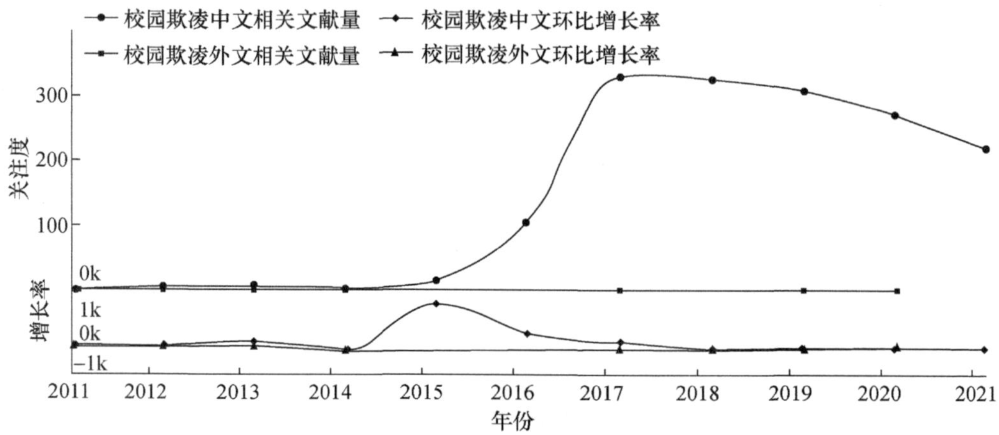

图 5 学术关注度指标统计图

表明，从 2011 年到 2021 年，在报纸媒体上发表的“校园欺凌”主题的文章共有 769 篇，其中 2011 年为 1 篇，2012 年为 1 篇，2013 年为 2 篇，2014 年为 2 篇，2015 年为 16 篇，2016 年为 172 篇，2017 年为 185 篇，2018 年为 135 篇，2019 年为 145 篇，2020 年为 41 篇，2021 年为 69 篇。此数据说明，“校园欺凌”类主题文章的报纸媒体发表量自 2016 年至 2017 年间达到峰值之后稍有下滑，但是在 2021 年有回升趋势。

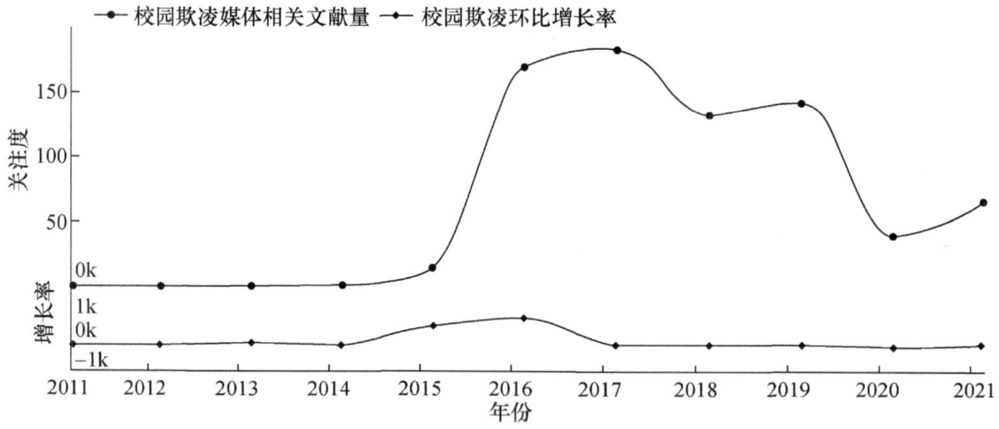

图 6 学术媒体关注度指标统计图

7. 学术传播度

学术传播度指标主要体现某主题文献被引用的程度，即包含某关键词的文献发表被引量的趋势统计。据中国知网 CNKI 数据库中“学术传播度”指标的统计数据表明，从 2007 年到 2021 年，校园欺凌文献被引量总体呈逐年攀升趋势，其中 2017 年校园欺凌文献被引量为 180 次，2018 年文献被引量为 271 次，2019 年文献被引量为339次，2020年文献被引量为335次，2021年文献被引量为295次（见图7）。

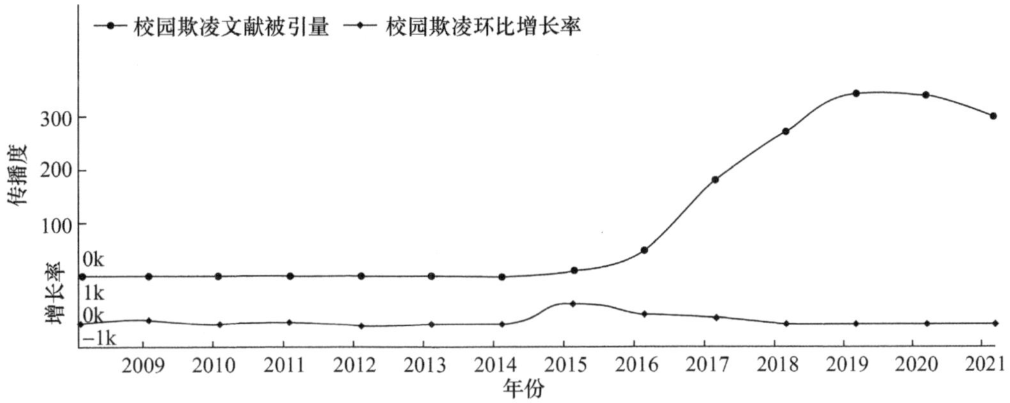

图7　学术传播度指标统计图

8. 用户关注度

用户关注度指标主要是用来测量某主题文献被下载、被阅读和被关注的情况，即包含某关键词的文献下载量的趋势统计。在中国知网CNKI数据库中检索“校园欺凌”并对下载量前200名的文献进行计量可视化分析可以发现：200篇文献的总参考数为4534篇，总被引数为9271次，总下载数为610169次，篇均参考数为22.67次，篇均被引数为46.36次，篇均下载数为3050.84次，下载被引比为0.02%（见图8）。

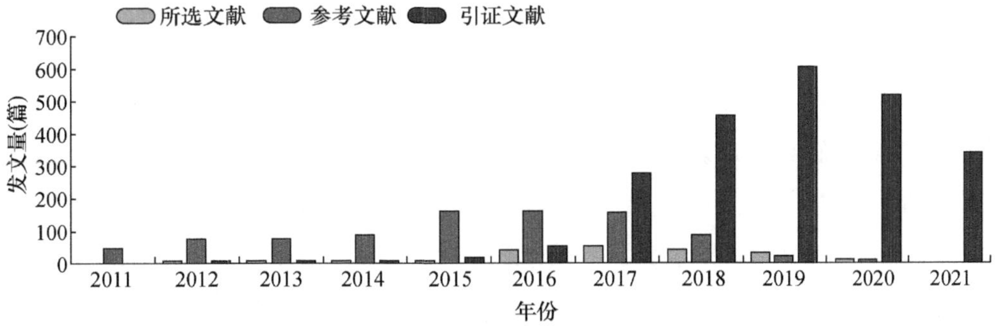

图8　用户关注度指标统计图

9. 机构分布

机构分布通常指某检索词在机构中的分布情况，在本文中该指标可以反映“校园欺凌”主题文献的第一单位（机构）分布情况以及该机构发表“校园欺凌”相关文献的具体数量。在中国知网CNKI数据库中，发表与该主题相关文献最多的单位是北京师范大学，共98篇，接着依次是华东师范大学（46篇），鲁东大学（44

篇），沈阳师范大学（44 篇），南京师范大学（40 篇），华中师范大学（40 篇），黑龙江大学（39 篇），上海师范大学（33 篇），辽宁师范大学（33 篇），西南大学（32 篇）（见图9）。

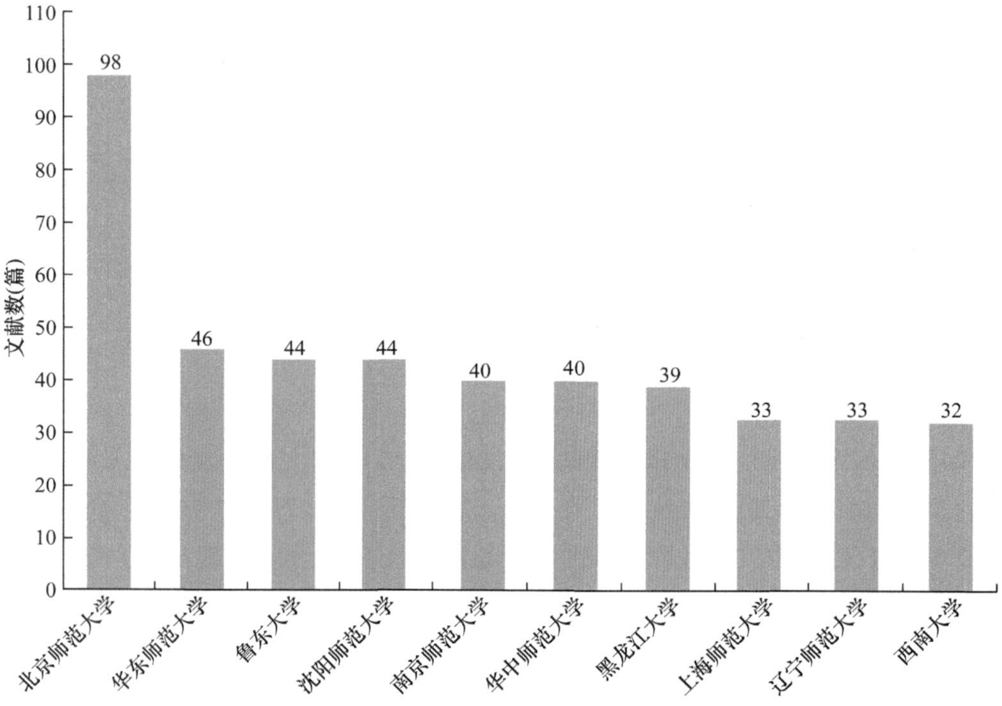

图9　机构分布指示统计图

10. 研究进展

中国知网 CNKI 数据库中的计量可视化分析指标主要从三个方面对研究进展进行分析，即最早研究、最新研究和经典文献三个维度。据中国知网 CNKI 数据库中的资料显示，最早与校园欺凌相关的文献是中国香港城市大学应用社会科学系学者马勤于 2002 年发表的《香港小学校园欺凌现象及处理方法》一文，文章采用问卷调查法进行研究，发现欺凌行为与社交心理情况、接触暴力价值与和谐校园感觉有关，其中还提及了一些预防及解决校园欺凌问题的方法，此文对后期的研究提供了一些理论上的借鉴和帮助。① 下载量和被引量排名第一的是福建师范大学许明教授的《英国中小学校园欺凌现象及其解决对策》一文，下载量达 5727 次，被引量达 172 次。许明教授就英国对校园欺凌现象的界定、发生程度和危害、识别和防范等

① 马勤：《香港小学校园欺凌现象及处理方法》，载《青少年偏差行为学术研讨会论文集》2002 年第 7 期。

方面采取的对策作简要介绍，为我国此类研究提供了有价值的借鉴和启发。① 下载量排名第二的文章是天津社会科学院法学研究所刘晓梅研究员于 2007 年发表的《以复和措施处理校园欺凌问题》一文，下载量达 2907 次，被引量达 76 次。刘晓梅研究员对天津 17 所学校进行了问卷调查和个案访谈，引入复和公义理念，倡导采取复和措施处理校园欺凌问题。② 下载量排名第三的文章是上海海洋大学外国语学院的学者张杰于 2008 年发表的《浅谈日本的校园欺凌问题》一文，下载量达 2588 次，被引量为 38 次。文章主要从校园欺凌的定义方式、产生根源以及解决方案等角度进行探讨（见表 1）。③

表 1　最早研究文献（排名前十）一览表

题名	作者	来源	年/期	下载	被引
香港小学校园欺凌现象及处理方法	马勤	青少年偏差行为学术研讨会论文集	2002/7	726	5
日专家呼吁：对校园欺凌要“零容忍”	佚名	新华每日电讯	2006/12	285	0
以复和措施处理校园欺凌问题	刘晓梅	青年研究	2007/7	2907	76
英国中小学校园欺凌现象及其解决对策	许明	青年研究	2008/1	5727	172
美国性教育管窥	佚名	思想理论教育	2008/6	295	0
英国中小学的校园欺凌现象	佚名	思想理论教育	2008/6	912	0
给儿童充满创意的童年——英国布朗政府“儿童计划”述评	张济州	生活教育	2008/9	71	0
全球教育技术资讯榜	佚名	中国信息技术	2008/11	30	0
浅谈日本的校园欺凌问题	张杰	中国电力教育	2008/12	2588	38
别让孩子成校园欺凌的受害者	徐赍	成才之路	2008/12	252	0

从经典文献维度分析可知，华东师范大学法学院任海涛教授于 2017 年发表了《“校园欺凌”的概念界定及法律责任》一文，明晰了校园欺凌的基本概念以及对校园欺凌产生的法律责任进行分类，并提出需要完善相关法律中的责任类型，依靠法律手段防治校园欺凌，此文章下载量高达 20931 次，被引量达 289 次，在学界影响较大。④ 其次是学者苏春景、徐淑慧、杨虎民合作发表的《家庭教育视角下中小

① 许明：《英国中小学校园欺凌现象及其解决对策》，载《青年研究》2008 年第 1 期。

② 刘晓梅：《以复和措施处理校园欺凌问题》，载《青年研究》2007 年第 7 期。

③ 张杰：《浅谈日本的校园欺凌问题》，载《中国电力教育》2008 年第 23 期。

④ 任海涛：《“校园欺凌”的概念界定及其法律责任》，载《华东师范大学学报（教育科学版）》2017 年第 2 期。

学校园欺凌成因对策分析》一文，其下载量为 12528 次，被引量为 241 次。[①] 而后是学者魏叶美、范国睿合作发表的《社会学理论视域下的校园欺凌现象分析》一文，其下载量为 12642 次，被引量为 217 次（见表 2）。[②] 不难发现以上经典文献都有较高的下载量和被引量，有较高的学术传播度和关注度，为校园欺凌类议题的后续研究提供了丰厚的研究基础。

表 2　高被引文献（排名前十）一览表

题名	作者	来源	年/期	下载	被引
“校园欺凌”的概念界定及法律责任	任海涛	华东师范大学学报（教育科学版）	2017/2	20931	289
家庭教育视角下中小学校园欺凌成因对策分析	苏春景、徐淑慧、杨虎民	中国教育学刊	2016/11	12528	241
社会学理论视域下的校园欺凌现象分析	魏叶美、范国睿	教育科学研究	2016/2	12642	217
中小学校园欺凌现象的心理学思考	章恩友、陈胜	中国教育学刊	2016/11	11810	211
防治学生欺凌的中国路径：对近期治理校园欺凌政策之评析	姚建龙	中国青年社会科学	2017/1	9461	206
“宽容而不纵容”的校园欺凌治理机制研究——中小学校园欺凌现象的法学思考	颜湘颖、姚建龙	中国教育学刊	2017/1	6487	195
校园欺凌行为：意涵、成因及其防治策略	胡春光	教育研究与实验	2017/1	8049	193
中小学校园欺凌的社会防治策略	杨岭、毕宪顺	中国教育学刊	2016/11	9299	176
当前校园欺凌行为的特征、成因与对策	刘天娥、龚伦军	山东省青年管理干部学院学报	2009/4	9845	176
英国中小学校园欺凌现象及其解决对策	许明	青年研究	2008/1	5727	172

从最新研究维度来看，如今校园欺凌类议题文献的研究趋向于研究视角和研究方法上的创新，如《中国中小学生校园欺凌相关因素的 meta 分析》《儿童校园欺凌的认知因素分析：抑制控制的视角》等。也有学者与时俱进，将校园欺凌问题与社会热点问题相结合进行分析论述，如《新〈未成年人保护法〉背景下校园霸凌现象的预防与干预》《疫情缓解后学生返校后的心理问题及其相关因素调查》等。有

① 苏春景、徐淑慧、杨虎民：《家庭教育视角下中小学校园欺凌成因及对策分析》，载《中国教育学刊》2016 年第 11 期。

② 魏叶美、范国睿：《社会学理论视域下的校园欺凌现象分析》，载《教育科学研究》2016 年第 2 期。

学者将此类问题与社会现实紧密结合进行剖析，对社会现实有一定的指导意义。如《学生欺负教师行为的表现形式、成因剖析与治理路径》《双重防护：初中生的社会资本对校园欺凌的影响——以深圳市S中学为例》《中学生校园欺凌与父母依恋及学校适应的关系研究》《欺凌“先兆”的识别与消解——预防学生欺凌的学校实验》等。还有学者尝试跨学科地对校园欺凌问题进行多角度分析，如《国产青春电影的类型突破》一文从电影的角度分析校园欺凌行为对于欺凌者或者被欺凌者所造成的影响，在揭露社会现实的同时对此类问题进行了深层解读（见表3）。

表3　最新研究文献（排名前十）一览表

题名	作者	来源	年/期	下载
学生欺负教师行为的表现形式、成因剖析与治理路径	刘雨	河南科技学院报	2022/02	0
国产青春电影的类型突破	王硕	视听	2022/01	3
双重防护：初中生的社会资本对校园欺凌的影响——以深圳市S中学为例	池上新、范婷、曾文茜	中国青年社会科学	2022/01	0
中学校园欺凌行为特点、成因及改善策略研究	庄志敏、刘珅汝	法制博览	2022/03	106
新《未成年人保护法》背景下校园霸凌现象的预防与干预	彭程、杨红文	山西能源学院学报	2021/06	0
中学生校园欺凌与父母依恋及学校适应的关系研究	许秀芬、唐雪	遵义师范学院学报	2021/06	278
疫情缓解后学生返校后的心理问题及其相关因素调查	柯程仁、罗芳、胡丽平	临床精神医学杂志	2021/06	75
欺凌“先兆”的识别与消解——预防学生欺凌的学校实验	耿申、王薇	清华大学教育研究	2021/06	103
中国中小学生校园欺凌相关因素的meta分析	张桂蓉、顾妮	中国心理卫生杂志	2022/01	592
儿童校园欺凌的认知因素分析：抑制控制的视角	陈福喜、洪昊青、吴晶	教育科学研究	2021/12	139

三、校园欺凌类研究文献的内容述评

从对中国知网CNKI数据库的相关文献的数据分析可以发现，校园欺凌类事件本身具有复杂性和多样性。某一种单维度并不能全面地说明或解释校园欺凌现象长期存在的原因，不足以揭示问题的根源。随着学者们的研究逐渐深入，单一的研究维度已经无法满足现实的研究需要，因此研究者们从多种研究维度更深层地剖析校园欺凌现象存在的原因，影响校园欺凌行为发生的因素，并提出相应的预防机制和对策等。主要可以概括为“校园欺凌的概念界定”“校园欺凌的原因分析”“校园欺凌与其他因素的关系”“校园欺凌的预防和治理”以及“国外治理经验与借鉴”等。

1. 校园欺凌概念界定研究维度

在中国知网CNKI学术期刊数据库里检索出的1619篇文献中，概念界定研究维度是被研究者采用最多的一种视角类型，因为概念界定是对校园欺凌类议题进行研究的前提和基础。其中，任海涛通过梳理2002年至2016年间国家政府管理部门印发的若干正式通知和文件，说明校园欺凌是社会和政府广泛关注的问题。要从立法角度去规制就必须以厘清校园欺凌的概念为前提，明确区分“校园暴力”和“校园欺凌”这两个概念。① 邓凡也认为厘清校园欺凌的概念是立法的前提，只有清晰校园欺凌概念界定才能明确法律责任承担的主体，才能完善校园欺凌法律救济制度保障未成年人的权利。② 俞凌云和马早明则参考国外学术界对“校园欺凌”概念的界定，并在此基础上根据我国校园欺凌的具体特征对“校园欺凌”概念进行了扩充，从内涵与外延两个维度对“校园欺凌”概念作出重新界定。③ 徐久生和徐隽颖认为“校园暴力”是“校园欺凌”的上位概念，欺凌只是暴力的一种表现形式，暴力具有更大的内涵。④ 陈光辉通过深入访谈系统探究了中小学生对“欺负现象”内涵特征的感知情况，并对此现象进行梳理发现从使动和受动双方的关系的角度能够准确地界定欺负现象（校园欺凌现象）。⑤

2. 校园欺凌原因分析研究维度

在中国知网CNKI学术期刊数据库里检索出的1619篇文献中，原因分析研究的比重也很大，其原因可能是因为现实社会的需要，此类研究旨在为校园欺凌现象长期存在的原因进行深层分析。张国平试图使用社会学理论解释校园欺凌行为的存在

---

① 任海涛：《“校园欺凌”的概念界定及其法律责任》，载《华东师范大学学报（教育科学版）》2017年第2期。

② 邓凡：《“校园欺凌”治理的法律困境与出路——基于法社会学的视角》，载《教育学术月刊》2019年第10期。

③ 俞凌云、马早明：《“校园欺凌”：内涵辨识、应用限度与重新界定》，载《教育发展研究》2018年第12期。

④ 徐久生、徐隽颖：《“校园暴力”与“校园欺凌”概念重塑》，载《青少年犯罪问题》2018年第6期。

⑤ 陈光辉：《中小学生对欺负现象本质内涵的感知》，载《心理与行为研究》2014年第5期。

原因，其分别从文化传递理论、结构性紧张理论、社会控制理论、标签理论、破窗理论等5个维度去解释校园霸凌（欺凌）存在的原因。[①]魏叶美和范国睿在社会学理论视域下，从社会失范、家庭结构失能、反学校文化和社会规则缺失等方面分析了校园欺凌现象愈发严重的客观原因。[②] 孙时进和施泽艺从心理学视角分析了欺凌者的攻击性行为产生的相关因素和被欺凌者处于生理、心理的双重弱势地位的原因。[③] 窦立春从伦理学视角提出校园暴力（欺凌）现象的伦理病灶在于“你—我共生”的伦理同一性被消解，个体无法在集体的人伦关系中获得认同感、归属感。让个体在实体中找到归属感，并使个体冲动具有伦理合理性是解决校园暴力（欺凌）现场的关键。[④]

3. 校园欺凌与其他因素的关系研究维度

对于校园欺凌相关因素之间的关系研究是非常有必要的，其有助于揭示校园欺凌事件发生的概率及内部各相关因素的占比情况。许秀芬和唐雪的研究表明校园欺凌的发生概率与性别、家庭结构、父母依恋、学校态度、同伴关系等都存在着相关关系。[⑤] 张桂荣和顾妮的研究表明男生（性别）、初中（年级）、学习成绩差、学习压力大、有不良行为习惯的中小学生更可能欺凌他人或受他人欺凌，家庭经济条件差可能是受欺凌的风险因素，父母受教育水平低是欺凌他人、母亲受教育水平低是受欺凌的保护因素。[⑥] 滕洪昌和姚建龙对全国10万余名中小学生校园欺凌的影响因素调查研究中发现性别、年级、是否住校、是否是留守儿童等与其他因素存在交互影响作用，在实践研究中深入研讨并提出防治中小学生欺凌和暴力的对策，探讨学生欺凌和暴力的预防、处置和善后措施，以期进一步增强学校应对危机、处理突发事件的能力，共创阳光、安全的校园氛围。[⑦]

---

① 张国平：《校园霸凌的社会学分析》，载《当代青年研究》2011年第8期。

② 魏叶美、范国睿：《社会学理论视域下的校园欺凌现象分析》，载《教育科学研究》2016年第2期。

③ 孙时进、施泽艺：《校园欺凌的心理因素和治理方法：心理学的视角》，载《华东师范大学学报（教育科学版）》2017年第2期。

④ 窦立春：《校园暴力现象的伦理病灶》，载《道德与文明》2014年第4期。

⑤ 许秀芬、唐雪：《中学生校园欺凌与父母依恋及学校适应的关系研究》，载《遵义师范学院学报》2021年第6期。

⑥ 张桂蓉、顾妮：《中国中小学生校园欺凌相关因素的meta分析》，载《中国心理卫生杂志》2022年第1期。

⑦ 滕洪昌、姚建龙：《中小学校园欺凌的影响因素研究——基于对全国10万余名中小学生的调查》，载《教育科学研究》2018年第3期。

4. 校园欺凌预防和治理研究维度

在中国知网 CNKI 学术期刊数据库里检索出的 1619 篇文献中，学者们从校园欺凌预防和治理的维度进行研究，目的在于提前预防校园欺凌现象的发生，并在此基础上提出相应的治理方案。章恩友和陈胜认为，校园欺凌行为的产生与社会各界对校园欺凌的认知偏差及中小学生不良的社会心理与个性特征有较大关系，对于校园欺凌现象的干预须从其产生的内部根源着手，进而改变社会各界对校园欺凌的认知偏差，培养中小学生的健康心理以及加强对中小学生个体心理的干预。① 李婉楠从犯罪学的角度评价校园欺凌现象以及预防路径。② 陈禹衡对 54 份校园欺凌案件刑事裁判书进行实证分析，认为校园欺凌"软暴力"行为规制缺位，呼吁引入戏弄新生罪并制定相应的刑罚措施，以此来降低校园欺凌现象的发生频次。③ 黄成荣基于复和公义理论分析了校园欺凌事件，认为复和公义偏重解决冲突，以避免因罪案而再引发另一些罪案，在未来复和公义将会是青少年司法的主流措施之一。④ 同样是以复和公义理论为基础，刘晓梅认为此理论可以成为一种调解的专业手段，可以让欺凌者通过了解被欺凌者的心声及感受，明白自己的过错并改过自新，被欺凌者也可以通过这一制度重拾自尊，从而减轻校园欺凌的危害程度。⑤ 沈小强基于布迪厄的"场域—习惯"理论剖析了校园欺凌的生成逻辑是养成欺凌"习惯"的欺凌者，为了强化或提升自己在校园"场域"中的地位，而对校园内其他资本占有量少于自己的个体实施欺凌。针对此现象，他提出了改变社会场域状态来避免养成欺凌"习惯"，改善被欺凌者的资本状况等措施来防治校园欺凌。⑥ 李永升和吴卫以犯罪学为研究进路，在对校园欺凌事件追根溯源部分以自我控制理论为切入点对其进行深入分析，提出运用社会综合治理理念对校园欺凌行为进行治理。⑦

---

① 章恩友、陈胜：《中小学校园欺凌现象的心理学思考》，载《中国教育学刊》2016 年第 11 期。

② 李婉楠：《校园欺凌现象的犯罪学评价及预防路径》，载《重庆交通大学学报（社会科学版）》2016 年第 4 期。

③ 陈禹衡：《〈法国刑法典〉对中国校园欺凌犯罪治理的镜鉴——基于 54 份校园欺凌案件刑事裁判的分析》，载《预防青少年犯罪研究》2019 年第 3 期。

④ 黄成荣：《复和公义在香港的应用和实践》，载《江苏社会科学》2004 年第 2 期。

⑤ 刘晓梅：《以复和措施处理校园欺凌问题》，载《青年研究》2007 年第 7 期。

⑥ 沈小强：《论校园欺凌现象的生成逻辑与治理路径——基于布迪厄的"场域—惯习"理论的视角》，载《西华师范大学学报（哲学社会科学版）》2022 年第 5 期。

⑦ 李永升、吴卫：《校园欺凌的犯罪学理论分析与防控策略——以我国近 3 年 100 件网络新闻报道为研究样本》，载《山东大学学报（哲学社会科学版）》2019 年第 1 期。

5. 校园欺凌国外治理经验与借鉴研究维度

校园欺凌国外治理经验借鉴研究维度是将国外对校园欺凌类事件的治理和研究经验的可取之处借鉴到我国校园欺凌治理中来，并根据我国的实际情况进行适当改良和优化。刘冬梅和薛冰的研究表明美国的校园欺凌立法较早，具有相当完备的校园欺凌规制体系，在校园欺凌防治上取得过许多成功经验。他们认为我国校园欺凌的治理需要从完善校园欺凌规制、强化学校防治责任、建立综合防治机制、教育与惩戒相结合等方面对我国校园欺凌类问题进行预防和治理。[①] 纪林芹等通过对我国与英国儿童对待欺负问题态度的比较研究发现，我国儿童对待欺负问题态度比英国儿童积极，儿童对待欺负问题的态度存在性别和年龄的差异。[②] 户可英则从国内、国外校园欺凌治理的比较研究中发现美、日等国家对于校园欺凌的治理路径对我国具有一定的借鉴作用。[③]

四、总结

从本文对中国知网 CNKI 数据库的计量可视化分析和文献梳理不难发现，校园欺凌类议题已经吸引大量学者的研究和关注，并取得了丰硕成果，但仍然存在一些不足之处，下面分别从几个方面进行总结和评述：

首先，从研究维度上看，已有研究主要可归纳为校园欺凌概念界定、原因分析、影响因素、预防和治理以及国外经验借鉴五种类型。通过梳理文献分析校园欺凌概念界定、现象和成因问题的同时，研究者们试图找到能彻底消除校园欺凌问题的方法，并提出一些治理路径。但是，由于校园欺凌现象本身的复杂性，研究者们需要不断拓展研究的广度和深度，弥补现有研究的不足。

其次，从研究方法上看，随着学者们研究的深入，研究方法越来越多样化。既有定量研究，也有定性研究。既有个案研究，也有混合研究。从整体上看，个案研究和混合研究偏少。此类研究还有很大的进步空间，相信此类研究方法也将会受到一些学者的关注。

---

① 刘冬梅、薛冰：《美国校园欺凌的防治策略及借鉴》，载《河南师范大学学报（哲学社会科学版）》2020 年第 2 期。

② 纪林芹等：《中国与英国儿童对待欺负问题态度的比较研究》，载《心理与行为研究》2003 年第 2 期。

③ 户可英：《国外校园欺凌治理比较分析》，载《法制博览》2021 年第 19 期。

最后，从研究内容上看，在已有研究中，一方面重复研究较多，缺乏有新意有深度的研究。一些研究只是泛泛而谈，观点提炼和研究贡献明显不足。对校园欺凌问题的成因和治理方面的研究较多，部分研究只是罗列前人观点，缺乏有建设性的观点和意见，提出的防治对策可操作性不强，在现实社会很难实施。另一方面跨学科成果较少，缺乏综合性的研究，一些研究往往只能解释一个方面或者一个部分的问题，不能全面地剖析问题根源。

随着社会各界对校园欺凌的关注和重视，学术界不断的深入研究和法律规制的健全，我国校园欺凌治理体系也会越来越完善。但是，想要根除校园欺凌现象依然任重道远，因此校园欺凌类议题需要学者们的长期关注。

政府规制与公共治理

政府规制餐饮行业秩序研究

——三亚市治理海鲜餐饮行业宰客行为的实践*

朱志兴　陈雨雁　郑晓华**

摘　要：随着海南省三亚市旅游市场需求不断扩大，旅游相关消费品供不应求，旅游行业乱象频发。其中以海鲜餐饮行业的宰客问题尤其突出，严重影响了三亚旅游城市的形象。自 2011 年起，三亚市政府不断加强对海鲜餐饮行业的规制，出台了多项规章制度，严厉打击违法经营行为，获得了较好的成效。至 2015 年，三亚市基本解决了海鲜餐饮行业普遍存在的宰客问题，海鲜餐饮行业逐步走上规范经营的轨道，成为地方政府规制旅游市场秩序的范本。本文介绍了三亚海鲜餐饮行业宰客的主要手段，从地方产能实际、旅游餐饮行业特征、商家非法经营动机三方面分析了宰客问题形成的原因。运用政府规制理论，采用经济性规制和社会性规制的分析框架，分析政府规制海鲜餐饮行业市场秩序的过程，在总结三亚市政府规制海鲜餐饮行业宰客行为中可推广的旅游城市治理经验的基础上，针对政府规制三亚海鲜餐饮行业过程中存在的法规监管盲区、政府执法衔接漏洞、行业无序发展、行业协会监管职能缺位等问题进行分析，并提出相关建议：（1）完善政府规制立法工作；（2）完善政府执法改革；（3）加强智慧监管解决信息不对称问题；（4）做好科学规划打破行业垄断；（5）强化行业自律功能。

关键词：政府规制；市场秩序；餐饮行业；宰客

---

* 本文系教育部社科基金一般项目“社会治理创新中的行政赋权研究”（编号：16YJA810006）、国家社科基金一般项目“制度层叠视角下自治、法治、德治融合的乡村治理体系实证研究”（编号：18BZZ112）的阶段性成果。

** 朱志兴，上海交通大学国际与公共事务学院公共管理专业硕士，共青团三亚市委书记。陈雨雁，上海交通大学国际与公共事务学院硕士研究生。郑晓华，上海交通大学国际与公共事务学院副教授，上海交通大学中国城市治理研究院研究员。

一、问题的提出

海南省三亚市是国内知名的旅游城市，凭借优良的自然环境优势，以及天涯海角、南山观音、蜈支洲岛等著名景区驰名海内外。随着三亚市旅游接待能力不断增长，接待规模亦不断扩大。三亚市接待过夜旅游人数由 2004 年的 363. 84 万人次，迅速增长到 2019 年的 2396. 33 万人次，旅游总收入由 2004 年的 39. 14 亿元增长到 2019 年的 633. 19 亿元。根据三亚市旅游部门的抽样调查显示，2019 年三亚过夜游客人均停留 4. 88 天，人均消费为 2516. 58 元/天（一日游游客的人均消费为 28. 22 元)。而在三亚过夜游客的消费构成中，餐饮占据 15. 71%，人均近 400 元/天的餐饮消费展现出三亚餐饮行业拥有庞大的消费市场。截至 2020 年底，三亚餐饮店共计 6135 家，其中海鲜餐饮企业 213 家（不含各类酒店、景区海鲜餐厅和社会餐饮中带部分海鲜经营的餐厅)，包括 15 家海鲜加工广场①和 198 家海鲜排档②。

虽然三亚海鲜餐饮行业蓬勃发展，但成本高昂、竞争激烈的旅游市场使众多商家通过非法经营逐利而忘诚信经营之本，多种“宰客”形式严重扰乱了海鲜餐饮行业秩序，严重影响了三亚城市形象。分析其原因，主要包括以下三个方面：

（1）本地海鲜产能不足，市场价格不断上涨。三亚市本地海鲜产品的总产量低、养殖面积小、加工能力弱，总体渔业产能仅占全省的 1/30 左右。根据 2018 年海南省海洋与渔业部门统计，三亚市机动渔船数量仅占全省的 3. 489%，渔业人口仅占全省的 3. 46%。三亚市年均海鲜产品产量为 52583 吨，仅占全省的 2. 99%，完全无法满足本市的需求（见表 1)。而在海鲜餐饮行业的产品供给中，三亚本市生产的海鲜占比不足 10%，大部分海鲜产品需要从广西、广东、福建等邻省输入，亦存在大量从澳大利亚、挪威等国输入的进口海鲜产品。在持续增长的旅游餐饮消费需求下，三亚市的海鲜供给的成本不断提高，海鲜产品价格亦不断上涨。而我国休渔期的延长也进一步加剧了海鲜产品在部分时段的供给紧缺，使得价格进一步上涨。

---

① 海鲜加工广场是指包含海鲜销售摊位和海鲜加工摊位的整合性餐饮消费场所，一般在 5000 平方米以上。消费者在海鲜销售摊位挑选购买海鲜食材后，至海鲜加工摊位进行加工，海鲜加工摊位按烹饪方式收取一定加工费用。海鲜加工广场收费明码标价、明档加工，过程较为规范可控，不存在最低消费等行为。

② 海鲜排档是指通过即时加工制作鲜活海产品向消费者提供餐饮服务的个体经营企业。多数海鲜排档除了室内部分外，还有露天或者搭棚的户外经营面积，总面积从几十平方米到一两千平方米不等。

表1　海南省海洋渔业生产情况统计表

指标	海南省	海口市	三亚市
一、水产品总产量（吨）	**1758188**	**66741**	**52583**
海洋捕捞（吨）	1083880	17231	41436
远洋渔业（吨）	0	0	0
海水养殖（吨）	294191	18930	10106
淡水捕捞（吨）	13256	846	187
淡水养殖（吨）	366861	29734	854
二、水产养殖面积（公顷）	**52172**	**7499**	**1029**
海水养殖（公顷）	21372	4335	619
淡水养殖（公顷）	30800	3164	410
三、机动渔船数量（艘）	**24864**	**1882**	**868**
生产渔船（艘）	24667	1872	813
海洋捕捞生产渔船（艘）	24512	2087	771
四、机动渔船吨位（总吨）	**537057**	**12320.43**	**51007.61**
生产渔船（总吨）	522803	11285.87	40783.09
海洋捕捞生产渔船（总吨）	511682	11078.81	40034.84
五、机动渔船功率（千瓦）	**1376162**	**39032.16**	**63556.38**
生产渔船（千瓦）	1340453	34465.61	48948.18
海洋捕捞生产渔船（千瓦）	1331024	40498.69	31245.71

数据来源：2018年渔业统计年报。

（2）行业经营成本较高，众多商家铤而走险。三亚作为一个旅游城市，海鲜餐饮行业经营成本较高，房租、水电、人工和原材料等环节成本均高于国内同类城市。经营海鲜店投入的房屋、装修、食材、人工、水电以及沉没成本也根据店铺所处的地理位置而有所差异。在大型海鲜加工广场中，海鲜摊位商户销售加工海鲜的利润并不高，还需要支付场地租金、人工、水电费等经营成本；而一个位于海边、室内面积300平方米左右的中等水平海鲜排档，头一年的经营成本支出也超过800万元。“网红经济”的崛起也使三亚海鲜餐饮行业重视网络营销，一些中等店铺每年投入网络推广的费用达30万元以上，个别网红店的投入费用更加高昂。在高昂的经营成本与竞争激烈的市场面前，不少商家选择铤而走险。

（3）海鲜产品难辨优劣，非法利润空间较大。海鲜产品种类繁多，名字五花八门，不易辨识，即使只统计最常见海鲜产品，也有211个种类。绝大多数消费者既不具备识别海鲜鲜活程度的能力，也不具备鉴别野生海鲜与养殖海鲜的能力，这使很多店家很容易通过虚假宣传、虚报价格的形式来欺骗消费者。除此之外，旅游城市的发展容易催生较大的非法利润空间。一般而言，由于餐饮行业回报周期长、毛利润较低，餐饮企业往往以打造良好口碑为目标以谋求经营的持续。而服务对象定位为一次性消费的海鲜餐饮企业大多不会考虑打造口碑和品牌。而“宰客”的利润空间极大，可以令商家在短时间内获得可观的经营收入。为了从不对称的信息中牟利，商家也会综合使用以下几种方式来欺客宰客：① 以假乱真、以次充好；② 贿赂司机与黑导，诱导游客进店消费；③ 雇用“拉客妹”，拉客消费；④ 虚假称重、缺斤少两；⑤ 虚假宣传、误导消费；⑥ 低报价、高结算。以有关部门查处的某非法经营海鲜店为例，该店仅在不到一个月的时间就获得了 127 万元的净收入。

快速增长的旅游消费规模带来了不断扩大的旅游市场规模，在特定的集中时间内，三亚市各种旅游消费品成为稀缺资源，更是出现了为牟取暴利而欺客宰客、虚报高价的非法经营事件，这既是政府监管旅游市场不力的体现，也是旅游市场规模无法满足消费需求而产生的必然结果。三亚市餐饮行业出现的宰客问题尤其明显，其中海鲜餐饮行业又是游客被宰和投诉的重灾区。本文中的海鲜餐饮行业商家，是指在三亚市范围内以鲜活海产品为主要原料，通过即时加工制作向消费者提供服务的市场主体。

二、政府规制文献综述

规制由英文“regulation”一词翻译而来，为规范制约之意，指的是政府运用法律、规章、制度、规定、规范等手段对经济社会加以控制和疏导。凯恩斯认为，规制指政府通过预算或货币干预手段，对国家和社会宏观经济活动进行调节。而斯蒂格勒提出，规制是指政府为控制企业的价格、销售和生产决策而采取的各种行动，而规制的法律基础则由允许政府授予或规定公司服务权力的各种法规组成。日本经济学家植草益也认为，政府规制的主要特点是指政府依据一定的规则和规范，对特定经济行为的经济主体活动进行有条件的限制的行为。①

国内学者王俊豪指出，规制是具有法律地位的、相对独立的政府管理者和责任部门，依照特定的法律法规对被规制者（主要是企业）所采取的一系列具有很强针对性的行政管理与监督行为。韦曙林等学者提出，我国政府规制和与西方政府相比，在规制主体、规制对象、规制作用的市场基础等方面存在较大差异。他们认为，在国外规制的制定、执行、监督、评估等过程中，政府和社会民间互动密切，与市场密切度较高；与国外相比，我国政府规制的出台和执行缺乏公众的合理互动

① 〔日〕植草益：《微观规制经济学》，朱绍文等译，中国发展出版社 1992 年版，第 1 页。

和监督，规制的决策和制定环节不公开不透明，在公开化、社会化、标准化和科学化方面有很大的差距，规制的制定、执行和实践效率相对较低。①

政府规制一般分为经济性规制和社会性规制。经济性规制是政府机关通过行政许可等手段，对企业的进出、合并、价格、生产服务的数量和质量等提出明确的要求，同时还可以对投资、生产、财务会计等有关领域进行规制。使用的工具和手段主要包括以下四个方面：一是价格规制，政府制定特定产业在某些时期的最高限价或最低限价，并规定价格调整的时间间隔和周期；二是进入和退出市场规制，为了保护产业的合理性、稳定性、科学性发展，政府需要有效限制新企业进入市场和原有企业随意退出市场；三是投资规制，有关部门既要支持企业适度投资，达到市场供给需求，还要防止市场的无序竞争、过度攀比、重复投资等问题；四是质量规制，政府制定产品质量规范标准，或者将质量和价格规制相结合，满足消费者对质量的要求。其中，价格规制和进入退出规制是最基本、最常用、最有效的规制工具和手段。②

社会性规制是指对产品生产和服务的质量，制定科学合理的标准，从而禁止、限制和约束某些特定行为的规制。规制的出发点往往是为了保护劳动力和消费群体的安全和健康，有时候则是为了做好环境保护和防止出现危害等③，因而具有社会属性。与经济性规制相比，社会性规制是一种比较新的政府规制手段。主要内容包括：一是规范健康、卫生领域的规制手段，如制定各类药品法、医疗法等；二是规范安全领域的规制手段，如制定劳动基本法、食品卫生法、道路交通法等；三是防止污染公害、保护环境领域的规制手段，如制定大气污染防治法、自然环境保护法、水质污染防治法等；四是规范教育、文化、福利等领域的规制手段，如制定教育法、社会福利事业法等。

本文采用经济性规制和社会性规制的分析框架分析政府规制海鲜餐饮行业市场秩序的过程，将经济性规制分为三个方面，主要体现了政府对相关行业在经济领域的管控。对社会性规制的范围进行了适当的调整，将三亚市政府制定的规章制度、设立的体制机制，以及成立行业协会等具体的管控措施，全部纳入社会性规制的范围。

---

① 韦曙林、李龙一、杜典波：《论西方政府规制理论与中国规制实践之差异》，载《经济问题》2003 年第 10 期。

② 王俊豪：《政府管制经济学导论——基本理论及其在政府管制实践中的应用》，商务印书馆 2001 年版，第 35 页。

③ ［日］植草益：《微观规制经济学》，朱绍文等译，中国发展出版社 1992 年版，第 22 页。

三、三亚市政府规制海鲜餐饮行业的过程

2011年起，三亚市政府大力加强对餐饮行业宰客的规制管理，出台了多项政府文件和规章制度，到2015年左右，基本遏制住了餐饮行业普遍存在的宰客问题。2015年8月，三亚市政府出台《三亚市海鲜排档星级划分及评定标准》，通过分级管理，引导经营者诚信经营。同年在国内设立了第一支旅游警察支队。2015年以后，三亚市相继制定了三亚市民游客中心督查督办制度、三亚市民游客热线首问负责制度、三亚市旅游市场暗访工作机制、三亚市民游客中心信息发布机制、三亚旅游市场联动协同监管机制、三亚市旅游市场检查机制、三亚市旅游警察工作制度、三亚市旅游质量监督约谈机制、旅游巡回法庭工作制度、旅游市场管理工作制度、旅游质量监督管理工作制度等11个长效机制，覆盖全行业全领域，从源头上为旅游市场治理提供了制度保障。制定出台了13个涉及旅游整治、旅游市场监管、旅游消费及其他领域的常态化管理办法。这些强有力的政策工具均取得了积极成效。

（一）经济性规制

1. 价格规制

为了规范海鲜排档海鲜产品的价格，遵循公开透明、诚实守信、合法竞争的原则，2011年1月8日，三亚市政府制定平均差价率管理规定，2012年又进一步改进为“阶梯式平均差价率”管理规定。2013年再次下调海鲜排档海鲜产品的平均差价率。主要通过三方面控制价格：

（1）控制差价率。设定某种海鲜平均市场销售价为A，平均进货价为B。

$$平均差价率 = (A - B) \div B \times 100\%$$

（2）控制进货价。针对各类海鲜产品，市物价局选择有代表性的几家批发市场作为价格监测参考点，实行批发价常态监测和每月定期发布制度，将前一个月海鲜产品批发的平均价格数值作为下一个月平均批发价格的参考数。海鲜排档可以在不高于参考数10%的范围内，确定海鲜的采购价格。物价局发布的参考数和控价范围，是餐饮店确定海鲜销售价格的重要依据，如果出现问题，有关部门会依据相关价格规定进行执法检查。

（3）控制销售价。三亚市海鲜店在参考各类产品采购价格的基础上，独立自主制定餐饮海鲜品的具体销售价格标准。前提条件是不能超出市物价局公布的社会平

均批发参考价上浮范围及平均差价率合理范围。

具体计价方式是，设定海鲜售价为A，采购价格为B，平均差价率为C。

$$A = B \times (1 + C)$$

海鲜排档确定的海鲜售价，不能超出平均差价率合理范围的最高值。如果售价超出了上限，会被视为违规获取暴利。举例说明，假定海鲜市场某种鱼类平均批发价是10元/斤，鱼类差价率为190%，则海鲜排档最高可定价为29元/斤，若进一步考虑到10%的价格浮动范围，最高定价应不能超过31.9元/斤。

2. 投资规制

为了促进海鲜餐饮行业的健康发展，三亚市政府对海鲜排档制定了明确的投资管理规定，一方面避免了餐饮行业的过度竞争和重复投资，另一方面满足了市民游客的高标准就餐需求。据三亚市海鲜餐饮行业协会负责人介绍，近年来三亚市的市场监管审批部门将海鲜餐饮企业的数量稳定在200家左右，避免餐饮企业数量出现大起大落，影响正常的市场秩序。另外，根据海鲜排档监督管理办法实施细则，新开业店铺面积要有两百平方米以上，有限责任公司注册资本金不少于两百万元，个体工商户注册资本金不少于五十万元。政府还对新经营的海鲜排档制定了具体的投资和服务规范。

3. 质量规制

为了抓好海鲜餐饮行业的质量规制，三亚市政府先后出台了多项行业质量管理办法和规定。除了起主导作用的海鲜排档监督管理办法外，三亚市还出台了《食品生产企业日常监管工作规范》《食品生产加工小作坊监督检查工作规范》《食品经营（销售）单位监管工作规范》《餐饮服务食品安全监督检查工作规范》《特殊食品经营单位监管工作规范》《价格监管工作规范》《12315消费者维权服务站标准》《海鲜餐饮行业监管工作规范》《计量监管工作规范》《检验检测机构监管工作规范》《重点行业广告监管工作规范》等多项规范和制度。

（二）社会性规制

1. 完善旅游投诉处理机制

为紧密联系和服务广大市民游客，解决市民游客的诉求，提升城市管理和服务水平。三亚市政府于2010年和2013年分别开通了12345政府服务热线和12301旅游服务热线，并于2015年8月并线运行。2017年1月，热线管理办公室与市数字化城管监控中心合署办公，负责指导、管理、督办和协调全市热线成员单位工作。以 12345 热线和 12301 热线平台建设为抓手，三亚市实行“集中受理、分类处置、各方联动、限时办结、回访答复”的工作机制，24 小时为市民游客提供求助、咨询、投诉、建议等一站式服务。

2. 建立健全举报奖励制度

为鼓励市民游客共同参与旅游市场治理，三亚市出台《三亚市旅游市场违法违规经营行为举报奖励办法》，消费者可以拨打 12345 政府服务热线和 12301 热线进行投诉举报。举报内容包括餐饮、住宿、景区、交通、演艺、购物等领域，并按照 1000 元、2000 元、5000 元、1 万元、2 万元、3 万元和 15 万元不等的标准奖励举报人。2018 年 5 月，“升级版”的举报奖励办法正式实施，举报范围更加广泛，举报方式更加灵活。政府除了接受电话举报外，还接受微信举报和短信举报，最高奖励标准也由 15 万元调整至 20 万元。

3. 创新建立旅游警察制度

为进一步强化旅游警察的职能和责任，2015 年 10 月 10 日，三亚市成立国内第一个旅游警察支队，下设综合保障、业务指导、侦查和市场秩序管理等 4 个大队，工作任务包括监管行业秩序，维护旅游和治安环境，查处涉旅游业中危害消费者人身和财产安全的犯罪案件，查处涉旅游业中强买强卖、假冒伪劣等行为，协调相关部门进行联合执法，监督、检查和指导涉旅场所的安保工作，处理市民游客的报警，积极协调旅游、物价、工商等各部门，在旅游场所开展秩序维护、巡逻检查、游客服务等工作。[①]

三亚市公安局将原由治安、刑事和经侦等支队办理的涉旅案件授权给三亚市旅游警察支队办理，旅游警察支队通过建立快速高效的“联勤联动、联合执法”制度，有效打破了以往各部门“单打独斗、各自为战”，无法覆盖整个违法行为链条的被动局面。近年来，旅游诉讼案件呈断崖式下降（见图 1）。随着涉旅投诉率的不断减少，市民游客对三亚旅游的满意度亦明显提升。目前，旅游警察已经成为三亚市一张亮丽的城市名片。

---

① 龚后雨、卜凡中：《三亚旅游革命》，新华出版社 2018 年版，第 72 页。

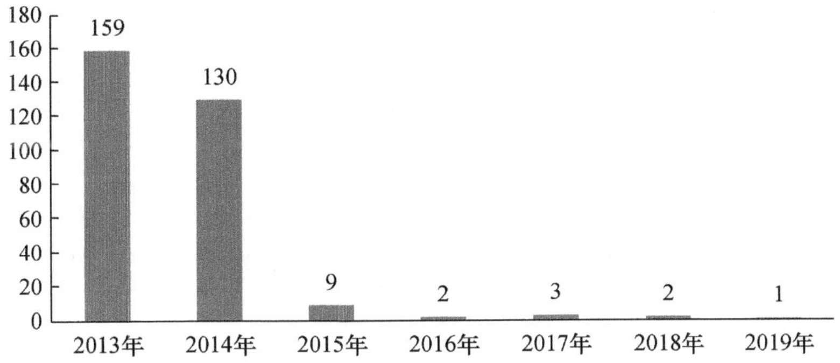

图1　三亚市2013—2019年旅游诉讼案件数量（件）

4. 探索完善旅游审判制度

为及时高效化解旅游纠纷，切实维护广大游客的合法权益，三亚市探索完善了旅游巡回法庭制度。2010年7月，三亚市设立旅游审判庭，并于2012年3月正式挂牌成立。旅游审判庭管辖在三亚市旅游景点内发生的简易的小额标的旅游纠纷案件，工作以调解处理旅游纠纷案件为主。截至2020年9月，旅游巡回法庭处理各类案件达到1.65万件。而随着三亚旅游市场的不断规范，案件数量显著减少，旅游巡回法庭在2013年至2015年，受理案件分别为159件、130件和9件。旅游审判制度适应海南国际旅游岛建设新形势，不断创新旅游城市审判审理新模式，得到了社会各界的好评。

5. 推动成立海鲜餐饮协会

为发挥行业内部自律约束作用，2012年9月21日，由海鲜餐饮商家组成的三亚市海鲜排档协会正式成立，并接受三亚市工商局（2016年变更为三亚市旅游委）以及三亚市民政局的业务指导和监督管理。该协会于2018年更名为三亚市海鲜餐饮协会，重新调整了工作职能，在全国范围内首次制定了《三亚市海鲜排档星级的划分及评定》《海鲜餐饮诚信服务规范》《海鲜餐饮经营管理评价标准》《海鲜餐饮加工店设施与服务服务规范》四项标准，依托《海鲜餐饮星级的划分与评定》等行业标准率先开展了三亚海鲜餐饮行业分级管理，配合三亚市工商局、物价局、科工信局、旅游委等部门普及海鲜排档智慧监控系统的运营和管理与旅游标准化创建工作，并积极开展各类行业自律和营销推广、行业培训活动。

总体来看，随着三亚海鲜餐饮行业治理内容的不断深入与治理能力的不断提升，三亚市海鲜餐饮行业走上了规范经营的轨道，欺客宰客行为明显减少，三亚市海鲜餐饮投诉量一直维持在较低水平（见表2）。

表 2　三亚市 2016—2020 年政府服务热线投诉统计表

	2016 年	2017 年	2018 年	2019 年	2020 年
热线受理总量（件）	261304	446196	524639	569036	850375
投诉总量（件）	138692	227737	267552	208032	244932
餐饮行业投诉总量（件）	1539	2527	3484	2744	3283
海鲜餐饮投诉总量（件）	406	605	1032	723	927

数据来源：三亚市公安局旅游警察支队建设及工作情况总结。

（三）政府规制存在的问题

虽然相关制度创新有效减少了欺客宰客行为，但是依旧存在法规监管有盲区、协同执法存漏洞、后续发展欠布局、协会监管仍缺位的问题。

1. 政府存在法规监管盲区

三亚市出台了海鲜排档经营监督管理办法等一系列管理办法和规定，适用监管对象广泛，但是对于一些细化的领域和模糊地带，政府法规监管还存在盲区和漏洞。一是对网络诱导性报道缺乏监管手段；二是对海鲜店随意拉客等行为缺乏监管依据；三是对市场随意定价缺乏监管依据。

2. 政府执法存在衔接漏洞

2019 年 12 月，三亚市探索推进综合行政执法体制改革，将市场监管、旅游和文化市场、应急管理等 25 个部门的行政处罚权全部划转到市综合行政执法局。改革后，业务主管部门与综合行政执法局出现了权责交叉和业务衔接问题，互相推诿扯皮的事情时有发生，各业务主管部门和执法部门就执法前端和终端工作互踢皮球，导致市民游客投诉出现“派单难”问题，严重影响了对市场违法经营行为的处置效率，主管部门和执法部门权责不清导致相应的旅游行业监管出现了越位、错位和缺位乱象。

3. 行业无序发展缺乏布局

三亚市海鲜餐饮行业发展规划依旧呈现无序状态，没有统一的规划布局。政府部门对行业发展缺乏规划指导和管控。在市场行情较好时，海鲜餐饮行业市场盲目和无序的扩张对行业的健康发展产生了不良影响。具体而言，现存的海鲜餐饮行业的硬件建设与软件服务标准较低，行业接待能力不足，问题突出表现为：（1）海鲜加工广场和海鲜排档布局零乱；（2）缺乏统一的规范服务标准；（3）车辆停放、消防、应急情况人员疏散等方面存在安全隐患；（4）存在环保和扰民等外部性问题；（5）软硬件设施建设条件较差，无法满足建设国际旅游精品城市的要求；（6）旅游旺季接待就餐能力明显不足，随之出现哄抬物价、欺客宰客等问题。

4. 行业协会监管职能缺位

三亚市海鲜餐饮协会在海鲜餐饮星级评定、服务质量、标准制定实施、行业纠纷调处等方面发挥重要作用。但在市场秩序维护、监督管理工作中，协会对不规范经营行为没有处罚权，导致其在海鲜餐饮行业服务监管工作中较为被动，行业自律约束作用未能有效发挥。行业协会没有处罚权，也缺少强制性约束条款，往往对违规经营的商家束手无策。

四、政府规制存在问题的原因分析

针对政府规制三亚市海鲜餐饮行业过程中存在的主要问题进行分析，可以发现，主要原因在于政府规制的立法工作不及时、执法体制改革依旧处于磨合阶段、行业信息不对称问题未解决、规制过程执法取证困难、政府指导行业发展不到位。

（一）政府规制立法工作不及时

虽然三亚市为规制海鲜餐饮行业市场制定了一系列的地方性条例，但是有些条款无上位法依据，缺乏法律效力，约束性不强，随着国家层面司法体制改革的推进，部分地方性条款也即将失去效力，需要更科学合理的立法作为支撑。目前，全国全面深化了证照改革。2014 年，根据国务院取消和调整行政审批事项的有关文件精神，很多项目都由原来的前置许可审批环节改为后置许可审批。以海鲜餐饮企业为例，经营者无须前置审批，就可直接申请经营登记，办理营业执照。取得执照后，再去办理餐饮行业的许可手续。

（二）政府执法体制改革不彻底

2019 年三亚市综合行政执法改革工作开展后，各业务主管部门的执法权转移、执法队伍调离。由于缺乏执法权，部分业务主管部门不再前往现场处理问题，并要求将投诉直接转交给执法部门处理。与此同时，执法部门只负责终端执法，不能“包打天下”，日常商业行为的监督管理和问题发现依旧划归主管部门负责。双方互相推诿扯皮，导致很多市民游客投诉无门或者无人接单处理。另外，执法部门由于刚完成整合，内部工作和管理模式还未理顺，公务员、参公事业单位、普通事业单位和工勤人员等多种人员身份并存，整个机构内部还处于磨合阶段，暂时还未能发挥“1+1>2”的功能。

（三）政府未解决行业信息不对称问题

消费者的投诉难问题，以及政府执法存在的取证难问题，从根本上来讲，都是源于信息不对称。三亚市政府出台的平均差价率等规定，得到了很好的执行，已经解决了海鲜产品采购价、销售定价等环节的信息不对称问题。但是，对于海鲜产品种类识别、鲜活识别、经营加工等环节的信息不对称问题，政府采取的规制措施有限，个别环节要求采取的智慧监管等手段也没有得到彻底的执行。由于没有实现经营消费全过程的监控，执法者和经营者之间信息不对称，执法者难以监督海鲜菜品的选材、制作全过程。在处理消费投诉时，执法者和消费者拿不到准确的证据，难以对经营者进行处罚。

（四）没有根治执法取证难问题

对于海鲜餐饮行业的宰客行为，现场执法一直存在投诉难和取证难的问题。消费者对宰客行为的举报，往往是基于自身的判断分析，无法留有可供查实的准确证据。很多宰客投诉事件发生后，执法部门赶到现场时，经常是海鲜菜品已经食用，原始现场已经无法复原，商家和消费者各执一词，执法取证极为困难。由于智慧监管系统并未完全覆盖所有海鲜餐饮商家，执法人员无法全面了解宰客行为的详细信息。虽然现在对于商家不明码标价、价格超出指导价、海鲜更换品种调包等问题基本可以通过技术手段或执法经验进行调查核实，但是对于死海鲜调包活海鲜、分量不足海鲜替换分量足的海鲜、电子秤作弊等更难取证的问题，执法部门在缺乏证据的情况下也无法处罚商家。

（五）政府指导行业发展不到位

首先，政府未编制科学的行业发展规划。一直以来，三亚市政府没有制定过海鲜餐饮行业的长期发展战略，海鲜餐饮行业处于盲目发展状态。对于产业发展的区域设置、行业规模和商家数量等，政府没有专门进行过科学合理的前瞻性研究，经常是“头疼医头、脚疼医脚”，缺少战略思维和通盘考虑。其次，政府对行业协会缺少监管授权。三亚市海鲜餐饮协会成立至今，更多的是发挥服务职能，而没有相应的监管和处罚职权。行业协会对相关企业的了解情况远高于政府主管部门，对行业出现的违法行为也更加熟悉，但是由于没有监管和处罚权力，对商家的违法行为只能进行劝导，这严重影响了行业协会参与行业秩序的构建的积极性与主动性。

五、研究结论与启示

三亚市海鲜餐饮行业宰客问题，在全国同类城市中具有典型性和代表性。本文通过对三亚市政府规制海鲜餐饮行业秩序的研究与分析，对三亚市政府如何进一步提升治理体系与治理能力现代化水平、促进海鲜餐饮行业有序发展提出相关建议，也希望给国内同类城市提供相关的借鉴与启示。

（一）完善政府规制立法工作

三亚市对海鲜餐饮行业监督管理的立法工作，应该以现有监督管理办法为基础，融合相关文件和规章制度，制定地方政府监督管理海鲜餐饮行业的正式法律。一方面以全面深化改革背景下海南自由贸易港法治体系建设为立法背景支撑。充分利用海南省经济特区、自由贸易港建设的立法权，及时加强对三亚市海鲜餐饮监督管理的地方立法，有效推进国际旅游消费中心和自由贸易港建设。另一方面是现有的规制工作经验为立法提供了重要支撑。三亚市已出台一系列规范性文件，适用于海鲜餐饮行业管理各个环节，内容涵盖海鲜排档、海鲜广场、海鲜加工店、各行政管理部门的监督职责等各个方面，关于海鲜餐饮监管的立法经验可以为制定地方性法规提供立法依据和参考。

（二）完善政府执法改革

一方面是明确权责清单。借助执法机构改革契机，进一步梳理和明确执法部门在海鲜餐饮行业的监管职责，理顺相关部门之间的关系，解决好部门责任边界不清、监管和执法脱钩等问题，提升行业治理体系和治理能力现代化水平。另一方面是完善联动执法机制。以队伍建设为突破口，变粗放执法为精细化管理，全力破解综合行政执法体制机制方面的深层次问题。建立由市委市政府领导担任召集人的联席会议制度，加强对业务主管部门和市综合行政执法局的统筹协调。建立执法指挥平台，由该平台承接 12345 热线转办的投诉举报、网络监测、执法队伍巡查等各类信息，及时分析研判并分类处置。出现问题时，迅速启动联合执法响应机制快速出击、实时纠查、精确处置，提升执法工作的精准性和时效性。

（三）加强智慧监管解决信息不对称问题

一是实现智慧监管全覆盖。政府应尽快推进智慧监管全覆盖，包括推广使用电子点菜系统、价格电子公示屏、POS 机收银系统、监控系统和物联网溯源电子秤等。可以考虑采取“政府补贴 + 银行贷款 + 商家付费”的综合模式，解决安装费用问题。在规定期限内，要求每个商家都安装以上系统，实现海鲜餐饮行业经营销售环节监管的全覆盖，消除信息不对称盲区。二是加强智慧监管处罚力度。立法部门应进一步完善智慧监管领域的执法依据，执法部门要定期做好智慧监管系统的检查，对不接受监管的商家启动市场退出机制。而对于故意躲避智慧监管的商家，一经发现应进行顶格处罚，避免商家利用监管漏洞欺客宰客。

（四）做好科学规划打破行业垄断

一方面是合理规划增加餐饮供给能力。政府要合理规划海鲜餐饮行业用地。积极鼓励有实力的企业新建、扩建经营场所，提升服务能力和水平。鼓励诚信企业不断扩大经营范围，适当增加非海鲜产品的供应。鼓励开办特色化和标准化的餐饮企业，增加就餐餐位，以增量应对变量。针对旅游市场特点，建议增强季节性、临时性供给的能力，如建立节假日临时大排档或集市等。另一方面是要鼓励和引导优质餐饮资源，特别是周边市县的经营资源到当地从事旺季海鲜经营，并积极推动海鲜餐饮产业转型升级，推广海鲜加工广场的经营模式，引进有实力的投资者从事规模型海鲜餐饮经营，鼓励连锁经营、鼓励星级酒店投资扩大海鲜餐饮经营规模，在满足不同层次人群的消费需求的同时发挥“头羊效应”，引导海鲜餐饮行业市场规范有序发展。

（五）强化行业自律功能

一是要完善行业协会功能。三亚市政府各部门要积极调动和发挥行业协会的作用，依法赋予行业协会相应的监管和处罚职责，推动“政府+行业”联合工作机制，增强合力，共同打造诚信经营秩序。党委和政府要鼓励引导海鲜商家建立党组织和工会组织。通过打造“政府+行业协会+工会”协同监管机制，提高管理者和从业人员的规范经营理念和诚信意识。二是要充分发挥行业自律作用。可以将政府部门的部分管理职能交予协会实施，推动海鲜餐饮企业自我管理水平的提高，并积极促进行业内部形成互相监督、规范竞争的诚信经营氛围。积极支持海鲜餐饮协会制定行业标准规范，指导会员签订行业自律公约并接受社会监督。可以组织海鲜餐饮行业签订价格诚信承诺书，通过商家自行承诺并接受社会监督，以杜绝价格欺诈等违法行为，创造诚实守信的旅游行业环境。